# Bauvertragsrecht kompakt

von
Professor
Dr. Alexander Malkwitz

Dr. Andreas Koenen

Dipl.-Ing.
Christian K. Karl

Oldenbourg Verlag München

Bibliografische Information der Deutschen Nationalbibliothek

Die Deutsche Nationalbibliothek verzeichnet diese Publikation in der Deutschen
Nationalbibliografie; detaillierte bibliografische Daten sind im Internet über
<http://dnb.d-nb.de> abrufbar.

© 2011 Oldenbourg Wissenschaftsverlag GmbH
Rosenheimer Straße 145, D-81671 München
Telefon: (089) 45051-0
oldenbourg.de

Lektorat: Rainer Berger
Herstellung: Constanze Müller
Coverentwurf: hauser lacour  www.hauserlacour.de
Coverbild: iStockphoto
Gedruckt auf säure- und chlorfreiem Papier
Gesamtherstellung: Grafik + Druck GmbH, München

ISBN 978-3-486-59168-2

# Vorwort

Durch die seit Jahren laufenden Vorlesungen an der Universität Duisburg-Essen über das Bauvertragsrecht sind wir angeregt worden, das Sachgebiet des Bauvertragsrechts als Übersicht geschlossen und doch übersichtlich darzustellen. Dadurch soll allen, die sich mit dem Thema des Bauvertragsrechts befassen, ein relevanter Einblick in das Thema gegeben werden. Dieses Buch richtet sich damit an alle Studierenden, die sich in das Thema einarbeiten wie auch an den Praktiker, der Unterstützung bei der Bewertung baupraktischer Rechtssituationen und dem Verfassen von Bauverträgen bzw. dem dazugehörenden Schriftverkehr benötigt.

Neben der Darstellung des Stoffes war uns wichtig, die Sachverhalte praxisrelevant und klar verständlich darzustellen. Daher werden die Beschreibungen der Inhalte immer ergänzt durch Beispiele und kleine Falldarstellungen. Dies soll auch die praktische Anwendung der Thematik unterstützen, wie auch helfen sich den Stoff einzuprägen und leichter zu verstehen.


Alexander Malkwitz
Essen, im Dezember 2010

# Inhalt

# 1 Einführung

Dieser Leitfaden ist als Einstieg in das Bauvertragsrecht gedacht, als Einführung in die vertraglichen und gesetzlichen Grundlagen für die Ausführung von Bauvorhaben, und richtet sich an den bautechnischen Praktiker, Studierende und Lehrende. Deshalb beschränken wir uns auf die wichtigsten, in der Baupraxis immer gleichermaßen wiederkehrenden Probleme und Fallgestaltungen. Auf diese Weise sollen sich wiederholende Fehler in der Abwicklung von Bauprojekten vermieden werden.

Der Aufbau folgt dem eines Bauvertrages. Im Anschluss an die *Einführung* (1) zum Bauvertragsrecht wird deshalb zunächst der *Vertragsabschluss* (2) beschrieben, anschließend gehen wir auf einzelne *Problembereiche bei der Abwicklung* eines Bauvorhabens ein. Hierzu gehören die rechtlichen Folgen sowohl einer verspäteten – *Termine und Fristen* (3) – als auch einer mangelhaften – *Mängelrechte* (4) – Herstellung des Werkes. Probleme bei der Abwicklung eines Bauvorhabens führen häufig zur *Kündigung* (5) des Bauvertrages. Nach Fertigstellung bzw. nach Kündigung muss der Auftragnehmer die von ihm erbrachten Leistungen abrechnen (6).

## 1.1 Bauvertragsrecht als Teil des Privatrechts

### 1.1.1 Abgrenzung privates – öffentliches Baurecht

Wenn in diesem Buch von Baurecht die Rede ist, ist das so genannte private Baurecht gemeint, nicht hingegen das öffentliche Baurecht. Während das öffentliche Baurecht – als Teil des öffentlichen Rechts bzw. des Verwaltungsrechts – die Summe der Rechtsvorschriften darstellt, die im Zusammenhang mit der Ordnung und Förderung der Errichtung, Nutzung oder Änderung von baulichen Anlagen erlassen worden sind, und somit die Zulässigkeit der Bebauung von Grundstücken betrifft, sind Gegenstand des privaten Baurechts die gesetzlichen Regelungen, die das Verhältnis von natürlichen oder juristischen

Personen des Privatrechts untereinander regeln. Das private Baurecht ist Teil des bürgerlichen Recht, das wiederum Teil des Privatrechts ist, das die Beziehungen zwischen rechtlich gleichgestellten Rechtsteilnehmern (Bürger, Unternehmer) regelt.

### Der Bauantrag des Architekten

Der Architekt A stellt für den Bauherrn B beim Bauordnungsamt einen Bauantrag.

Ist die Frage nach der Zulässigkeit des Bauantrages eine Frage des öffentlichen oder des privaten Baurechts?

Die zunächst erteilte Baugenehmigung wird später vom Nachbarn mit Erfolg angegriffen. B nimmt seinen Architekten daraufhin auf Schadensersatz in Anspruch. Haftet der Architekt nach den Regeln des privaten oder des öffentlichen Baurechts gegenüber seinem Bauherrn?

Die Frage der Zulässigkeit des Bauantrages ist eine Frage des öffentlichen Baurechts, da es hier um die Frage der Genehmigungsfähigkeit der geplanten baulichen Anlage geht. Die Behörde, die über den Bauantrag zu entscheiden hat, handelt hoheitlich, d.h. im Subordinationsverhältnis (Über- und Unterordnung).

Wird eine einmal erteilte Baugenehmigung später – z.B. aufgrund einer erfolgreichen Klage des Nachbarn (beim Verwaltungsgericht) aufgehoben, haftet in erster Linie gegenüber dem geschädigten Bauherrn der Architekt, erst in zweiter Linie unter Umständen auch der Staat (Bauordnungsamt, das die Genehmigung zu Unrecht erteilt hatte). Dieses Verhältnis zwischen dem Architekten und dem Bauherrn als dessen Vertragspartner richtet sich nach den Regeln des privaten Baurechts (hier § 635 BGB).

Im öffentlichen Baurecht geht es um Rechtsfragen öffentlich-rechtlicher Art, d.h. um das Verhältnis zwischen Staat bzw. Kommune und einem Bürger. Es ist ein Verhältnis von Über- und Unterordnung (Subordiniationsverhältnis). Demgegenüber sind die Beteiligten im Bereich des privaten Baurechts rechtlich gleichgestellte Teilnehmer im Rechtsverkehr (Gleichordnungsverhältnis).

## 1.1.2 Vertrags- und Formfreiheit

Das Grundgesetz garantiert in Art. 2 die Privatautonomie. Demzufolge kann Jeder mit Jedem einen Vertrag abschließen, es sei denn, Inhalt und Form des Vertrages verstoßen gegen ein Gesetz. Vertragsfreiheit bedeutet nicht nur Abschlussfreiheit, d.h. die Freiheit der Entscheidung über das „Ob" eines Vertrages, sondern auch über das „Wie" bzw. „Was". Im Hinblick auf den Vertragsinhalt bestehen somit – von Verstößen gegen ein Gesetz sowie der Sittenwidrigkeit abgesehen – grundsätzlich keine Beschränkungen. Neben der Abschlussfreiheit und der inhaltlichen Vertragsfreiheit wirkt sich die Vertragsfreiheit auch als Freiheit hinsichtlich der Form des Vertrages aus. Dies bedeutet, dass auch ein mündlich geschlossener Vertrag wirksam ist, und zwar genau so wirksam wie ein schriftlicher Vertrag. Lediglich in Ausnahmefällen bedürfen Verträge einer bestimmten Form (z.B. Grundstückskaufverträge der notariellen Beurkundung).

*Privatautonomie und Abschlussfreiheit*

Auch mündliche Vereinbarungen sind verbindlich, stellen „Verträge" dar und sind wirksam. Um den Inhalt eines Vertrages jedoch im Falle einer gerichtlichen Auseinandersetzung besser darlegen und beweisen zu können, sollte gleichwohl bei jedem Bauvertrag die Schriftform bewahrt bzw. der Vertrag schriftlich fixiert werden. Anderenfalls wäre man im Falle eines Rechtsstreits auf Zeugen angewiesen, die ein unsicheres Beweismittel darstellen.

Sind sich die Parteien jedoch darüber einig, dass der Bauvertrag in einer bestimmten Form geschlossen werden soll (z.B. einfache Schriftform), so ist der Vertrag im Zweifel erst dann zustande gekommen, wenn diese Formvoraussetzungen erfüllt sind (§ 154 Abs. 2 BGB i.V.m. §§ 125, 127 BGB).

**Vereinbarte Schriftform**

Auf das Angebot des Unternehmers P ruft der Auftraggeber A den P an und erklärt, dass er ihm „hiermit" den Auftrag erteile; den schriftlichen Bauvertrag erhalte er zur Gegenzeichnung und Rücksendung in den nächsten Tagen. Als der schriftliche Bauvertrag kommt, weigert sich der P, den Vertrag zu unterschreiben. Er wäre allenfalls zum Vertragsschluss unter geänderten Vertragsbedingungen bereit.

Hier ist kein Vertrag zustande gekommen. Die mündliche Erklärung des A, dass er den Auftrag erteile, reicht nicht aus, weil er bei dieser Erklärung zugleich klargestellt hat, dass noch ein schriftlicher Vertrag abgeschlossen werden soll.

## 1.2    Das Verhältnis von BGB und VOB/B

Ergänzung des BGB durch
Allgemeine Geschäfts-
bedingungen (VOB/B)

Die Regelungen des BGB allein werden den speziellen Bedürfnissen beim Bauen nicht gerecht. Deshalb wurde bereits in den 20er Jahren des 20. Jahrhunderts eine Vertragsordnung erarbeitet, die für die Vergabe und Durchführung von Bauleistungen der Öffentlichen Hand[1] klare und einheitliche Grundsätze und Vorschriften schafft; die Vergabe- und Vertragsordnung für Bauleistungen (VOB), die in die Teile A (Allgemeine Bestimmungen für die Vergabe von Bauleistungen), B (Allgemeine Vertragsbedingungen für die Ausführung von Bauleistungen)[2] und C (Technische Vertragsbedingungen für Bauleistungen) aufgeteilt ist.

### 1.2.1    Entstehung der VOB/B

Wettbewerb im Zusammenhang mit der Vergabe öffentlicher Aufträge gab es bereits im Altertum. Bei den Römern gab es das der Ausschreibung verwandte Verfahren der Lizitation. Sicher belegt ist die Ausschreibung erstmalig in Frankreich (2. Hälfte des 17. Jahrhunderts).

Ausschreibungen existieren
seit Beginn des
19. Jahrhunderts

In nennenswertem Umfang existieren Ausschreibungen seit Beginn des 19. Jahrhunderts. In dieser Zeit setzte sich die Ausschreibung als bevorzugtes Verfahren zur Deckung des öffentlichen Bedarfs durch. Verantwortlich dafür war unter anderem das rasche Anwachsen des staatlichen Bedarfs, zum Beispiel beim staatlichen Eisenbahnbau. Von den aufstrebenden Unternehmern wurde ein offener, freier Wettbewerb mit gleichen Startchancen gefordert.[3] In diese Zeit fällt auch die Einführung der ersten großen, allgemeinen Verdingungsordnungen des französischen Finanzgesetzes von 1833, der Bayerischen Verdingungsordnung von 1833 und der Preußischen Verdingungsordnung von 1834.[4]

---

[1]    Bezeichnung für die Gesamtheit der juristischen Personen des öffentlichen Rechts.

[2]    Die VOB/B hieß früher „Verdingungsordnung für Bauleistungen".

[3]    Vgl. Kirsch W.M.: Das deutsche Verdingungswesen; Stuttgart: C. E. Poeschel Verlag, 1936, S. 27 f.

[4]    Vgl. Gandenberger O.: Die Ausschreibung; Organisierte Konkurrenz um öffentliche Aufträge; Heidelberg: Quelle und Meyer, 1961S. 22 f.

Kurz vor dem Ersten Weltkrieg wurde an einem Gesetzesentwurf gearbeitet, der die staatlichen Einkaufsvorschriften und die Vertragsbestimmungen bei öffentlichen Aufträgen für ganz Deutschland vereinheitlichen sollte. Im März 1914 lag der „Entwurf eines Gesetzes, betreffend das öffentliche Verdingungswesen" – Reichssubmissionsgesetz – vor.[5] Dieser Gesetzentwurf ist jedoch während des Krieges untergegangen. Das Projekt einer einheitlichen Verdingungsordnung für ganz Deutschland wurde allerdings im Jahre 1921 wieder aufgegriffen. Durch einen Parlamentsbeschluss entstand der Reichsverdingungsausschuss. Dieser hatte zunächst die Aufgabe, die Vorschriften zur Bauvergabe zu überarbeiten; er war ein Bauausschuss. Mit seiner Tätigkeit verschärfte sich die Trennung zwischen Bauleistungen und „sonstigen" Leistungen, welche sich bis heute durch das öffentliche Auftragswesen der Bundesrepublik Deutschland zieht. Als Ergebnis der Beratungen dieses Ausschusses wurde am 5. Mai 1926 die „Verdingungsordnung für Bauleistungen" in den Teilen A, B und C verabschiedet.[6]

1947 trat der Verdingungsausschuss für Bauleistungen zusammen. Dieser entschied 1949 eine völlige Überarbeitung der VOB, welche im Juni 1952 mit den Teilen A und B beschlossen wurde. Der Teil C war bereits fortwährend ergänzt und überarbeitet worden.[7]

Die Beratungen über eine allgemeine Verdingungsordnung, die Verdingungsordnung für Leistungen (VOL), aus der Bauleistungen herausgenommen wurden, begannen erst nach 1926 in einem Gremium, welches etwas anders zusammengesetzt war als der Verdingungsausschuss für Bauleistungen.

Seit dem Inkrafttreten der Verdingungsordnung für freiberufliche Leistungen (VOF) am 01.11.1997 sind bis heute drei unterschiedliche Verdingungs- bzw. Vergabeordnungen zu beachten: Die VOB, die VOL und die VOF. Der Zusammenhang wird in Abbildung 1-1 veranschaulicht.[8]

---

[5]   Vgl. Beutinger E.: Das Submissionswesen; Leipzig: Scholtze, 1915, S. 213 ff.

[6]   Vgl. Gandenberger O.: Die Ausschreibung; Organisierte Konkurrenz um öffentliche Aufträge; Heidelberg: Quelle und Meyer, 1961, S. 27.

[7]   Vgl. Schach R./Sperling W.: Baukosten – Kostensteuerung in Planung und Ausführung; Berlin Heidelberg: Springer Verlag, 2001, S. 74.

[8]   Vgl. Trautner W.E.: Praktiken der Ausschreibung; Mering: Forum-Verl.: Herkert, 1998, S. 18.

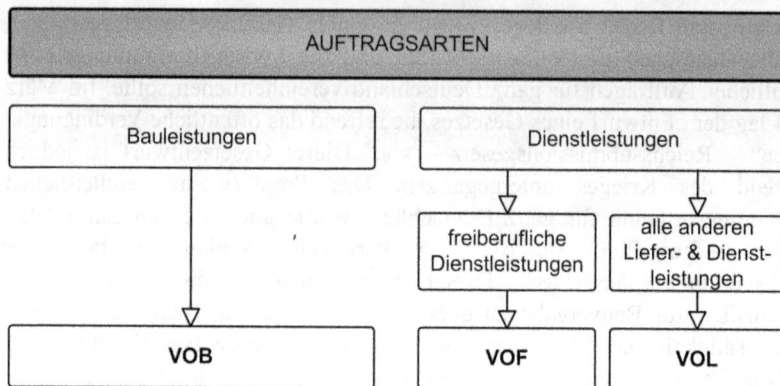

*Abbildung 1-1: Auftragsarten[9]*

Der Verdingungsausschuss für Bauleistungen hat seine Tätigkeit bis zum heutigen Tag fortgesetzt. Inzwischen nennt er sich Deutscher Vergabeausschuss (DVA). Die erlassenen Bestimmungen wurden als DIN-Normen in das Normenwerk des Deutschen Normenausschusses übernommen.

Die ständigen Entwicklungen auf technischem, wirtschaftlichem und juristischem Gebiet machen eine fortwährende Überarbeitung der VOB notwendig.

Es ist von besonderer Bedeutung, dass die VOB als historisch gewachsenes Gesamtwerk zu betrachten ist, obwohl rechtlich nur die Teile B und C, die vielfach isoliert angewendet werden, vertragsrelevant werden können.

Am 2. Mai 2002 hat der DVA die Änderung der VOB/B im Hinblick auf die Novelle des Bürgerlichen Gesetzbuchs durch das Gesetz zur Modernisierung des Schuldrechts vom 26. November 2001 beschlossen. Seitdem steht die Abkürzung VOB nicht mehr für „Verdingungsordnung für Bauleistungen", sondern für „Vergabe- und Vertragsordnung für Bauleistungen".[10]

---

[9]    Malkwitz A./Karl, C./Jaron, R.: Öffentliche Bauaufträge; München: Oldenbourg; 2009; S. 17.

[10]   Vgl. Trautner W.E.: Praktiken der Ausschreibung; Mering: Forum-Verl.: Herkert, 1998, S. 6.

## 1.2.2     Unterschiede zwischen BGB und VOB/B

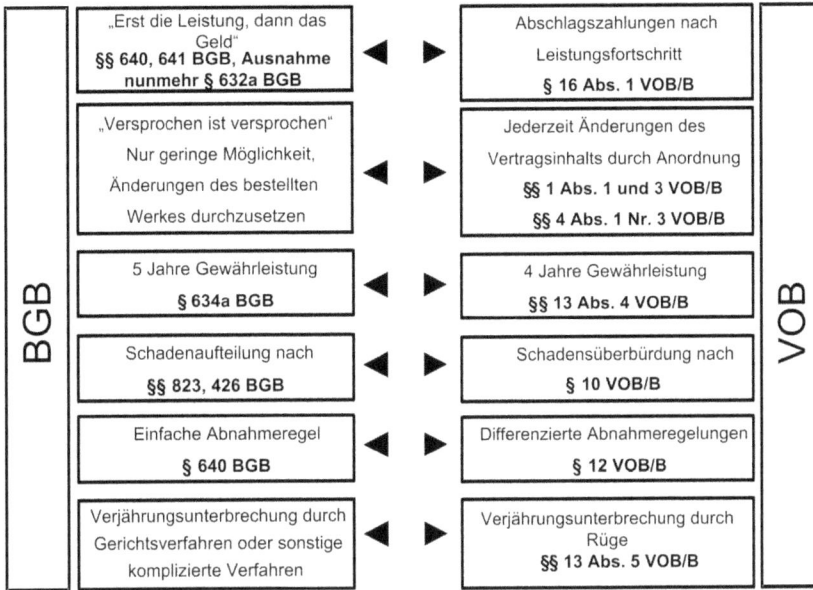

| BGB | | VOB |
|---|---|---|
| „Erst die Leistung, dann das Geld" **§§ 640, 641 BGB, Ausnahme nunmehr § 632a BGB** | ◄ ► | Abschlagszahlungen nach Leistungsfortschritt **§ 16 Abs. 1 VOB/B** |
| „Versprochen ist versprochen" Nur geringe Möglichkeit, Änderungen des bestellten Werkes durchzusetzen | ◄ ► | Jederzeit Änderungen des Vertragsinhalts durch Anordnung **§§ 1 Abs. 1 und 3 VOB/B** **§§ 4 Abs. 1 Nr. 3 VOB/B** |
| 5 Jahre Gewährleistung **§ 634a BGB** | ◄ ► | 4 Jahre Gewährleistung **§§ 13 Abs. 4 VOB/B** |
| Schadenaufteilung nach **§§ 823, 426 BGB** | ◄ ► | Schadensüberbürdung nach **§ 10 VOB/B** |
| Einfache Abnahmeregel **§ 640 BGB** | ◄ ► | Differenzierte Abnahmeregelungen **§ 12 VOB/B** |
| Verjährungsunterbrechung durch Gerichtsverfahren oder sonstige komplizierte Verfahren | ◄ ► | Verjährungsunterbrechung durch Rüge **§§ 13 Abs. 5 VOB/B** |

*Abbildung 1-2: Unterschiede BGB zur VOB/B[11]*

## 1.2.3     Gliederung der VOB

Die Vergabe- und Vertragsordnung für Bauleistungen ist in drei Teile gegliedert:     VOB in drei Teile gegliedert

**VOB Teil A:**     Allgemeine Bestimmungen für die Vergabe von Bauleistungen

**VOB Teil B:**     Allgemeine Vertragsbedingungen für die Ausführung von Bauleistungen

**VOB Teil C:**     Allgemeine Technische Vertragsbedingungen für Bauleistungen (ATV). Die ATV enthalten DIN-Normen, die ebenfalls in der jeweils neuesten Fassung für die Technische Durchführung der Arbeiten gültig sind.

---

[11]    Malkwitz A./Karl, C./Jaron, R.: Öffentliche Bauaufträge; München: Oldenbourg; 2009; S. 12.

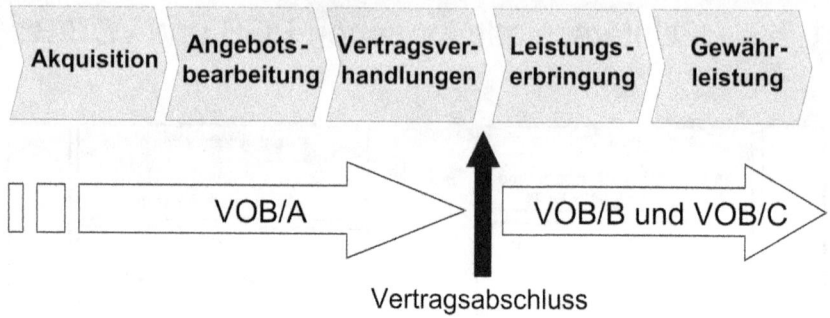

*Abbildung 1-3: Zusammenhänge VOB – Unternehmensprozesse[12]*

Im Grunde ist die VOB jedoch ein durchgängiges Werk. Zwischen den einzelnen Teilen bestehen immer wieder Zusammenhänge oder sie Bauen aufeinander auf. Diese Systemdurchgängigkeit in der VOB wird zum Beispiel im Bezug auf die Leistungsbeschreibung deutlich: § 9 VOB/A regelt Art und Umfang der Leistungsbeschreibung. Im Teil B wird darauf direkt in § 1, in dem es um Art und Umfang der vertraglichen Leistung geht, Bezug genommen. Darüber hinaus enthält der Teil C „Hinweise für das Aufstellen der Leistungsbeschreibung" aus technischer Sicht.[13]

## 1.2.4    Grundlagen der VOB/B

Die VOB/A ist eine wichtige Grundlage für die Strukturierung und den Inhalt des Bauvertrags. Sie selbst wird jedoch nicht zum Inhalt. Die Vergabe- und Vertragsordnung für Bauleistungen ist kein Gesetz, sondern kann in den Bauvertrag nur einbezogen werden, wenn dies ausdrücklich vereinbart ist. Die VOB ist demnach vergleichbar mit Allgemeinen Geschäftsbedingungen.

Teil B der VOB (VOB/B) hingegen kann Bestandteil des Vertrags werden. Über die VOB/B – wenn vereinbart – hinaus enthalten Bauverträge allerdings oftmals weiterführende Vertragsbedingungen, welche die VOB/B in bestimmten Punkten konkretisieren. Es ist nicht selten, dass sich die vertraglichen Festlegungen in den einzelnen Bereichen des Bauvertrags widersprechen. Dabei ist zu berücksichtigen, dass gewöhnlich die speziellere Regelung vorgeht.

---

[12]  Malkwitz A./Karl, C./Jaron, R.: Öffentliche Bauaufträge; München: Oldenbourg; 2009; S. 18.

[13]  Vgl. Plümecke: Preisermittlung für Bauarbeiten; 25. überarbeitete und erweiterte Auflage; Köln: Verlagsgesellschaft Rudolf Müller GmbH & Co. KG, 2004, S. 15.

Somit gelten Vereinbarungen in der Regel in folgender **Reihenfolge**:

Wertigkeit der<br>Vertragsunterlagen

- Der Bauvertrag selbst,
- in den Vertrag einbezogene Verhandlungsprotokolle (liegen regelmäßig bei Bauaufträgen vor, zum Beispiel aus einem technischen Vergabegespräch),
- die Leistungsbeschreibung einschließlich Vorbemerkungen,
- Besondere Vertragsbedingungen (BVB) sowie Besondere Technische Vertragsbedingungen,
- Zusätzliche Vertragsbedingungen (ZVB) sowie Zusätzliche technische Vertragsbedingungen (ZTV),
- Allgemeine Technische Vertragsbedingungen (ATV; identisch mit VOB/C),
- Allgemeine Vertragsbedingungen für die Ausführung von Bauleistungen (VOB/B) und
- das Bürgerliche Gesetzbuch (BGB).

Bei den Vertragsunterlagen sind vor allem die ZVB, die BVB sowie die ZTV zu nennen. Diese können von Auftraggebern verwendet werden, die häufig Bauleistungen vergeben und über die VOB hinausgehende spezifische Vertragsstandards formulieren möchten. Es ist dabei irrelevant, ob es sich um öffentliche oder private Auftraggeber handelt.

Vertragsunterlagen

In den **Zusätzlichen Vertragsbedingungen** können über die Regelungen der VOB/B hinausgehende Vertragsstandards von Auftraggebern formuliert werden, welche für alle Bauleistungen, die diese vergeben, einheitlich sind. Insbesondere sind hier die ZVB der Bauverwaltungen des Bundes und der Länder zu nennen. Sie variieren von Arbeitgeber zu Arbeitgeber.

Die **Besonderen Vertragsbedingungen** werden hingegen von dem Auftraggeber für den einzelnen Bauvertrag individuell erstellt und sollen somit den Bedürfnissen des Einzelfalls gerecht werden.[14] Im Gegensatz zu den ZVB dürfen BVB von den Allgemeinen Vertragsbedingungen abweichen. Dies soll jedoch auf die Bereiche beschränkt bleiben, in denen die VOB/B individuelle Regelungsmöglichkeiten einräumt. Dies sind beispielsweise Vereinbarungen zur Gewährleistung.

Daneben besteht für den Auftraggeber auch in technischer Hinsicht die Möglichkeit, die zum Teil groben Regelungen der ATV ihren eigenen Bedürfnissen in Form von **Zusätzlichen Technischen Vertragsbedingungen** anzupassen. Auch diese sollen für alle Bauvergaben des Auftraggebers einheitlich sein. Insbesondere öffentliche Auftraggeber erstellen verschiedentlich ZTV für die unterschiedlichen Gewerke.[15]

---

[14]   Vgl. § 10 Nr. 2 VOB/A.

[15]   Vgl. Plümecke: Preisermittlung für Bauarbeiten; 25. überarbeitete und erweiterte Auflage; Köln: Verlagsgesellschaft Rudolf Müller GmbH & Co. KG, 2004, S. 18.

Der Aufbau eines Bauvertrags gemäß § 10 VOB/A ist Abbildung 1-4 zu entnehmen:

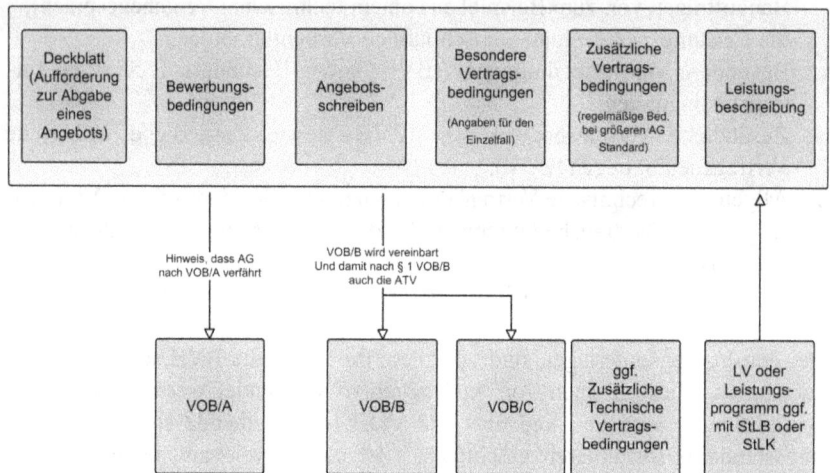

| Deckblatt (Aufforderung zur Abgabe eines Angebots) | Bewerbungs-bedingungen | Angebots-schreiben | Besondere Vertrags-bedingungen (Angaben für den Einzelfall) | Zusätzliche Vertrags-bedingungen (regelmäßige Bed. bei größeren AG Standard) | Leistungs-beschreibung |

Hinweis, dass AG nach VOB/A verfährt

VOB/B wird vereinbart Und damit nach § 1 VOB/B auch die ATV

| VOB/A | VOB/B | VOB/C | ggf. Zusätzliche Technische Vertrags-bedingungen | LV oder Leistungs-programm ggf. mit StLB oder StLK |

*Abbildung 1-4: Aufbau eines Bauvertrags[16]*

Die VOB ist bei Verträgen mit öffentlichen Auftraggebern zwingend.

Die Geltung der VOB/B kann grundsätzlich aber auch gegenüber einem Verbraucher vereinbart werden.

**Einbindung von AGB**

Es gelten dann die formellen Voraussetzungen für die Einbindung von AGB:

1. Ausdrücklicher Hinweis auf die AGB
2. Möglichkeit der Kenntnisnahme
3. Einverständnis des Vertragspartners

Der Unternehmer kann sich nur auf die VOB/B berufen, wenn er dem Verbraucher ein Muster der VOB/B bei Vertragsschluss ausgehändigt hat. Macht er dies nicht, hat dies zur Folge, dass die Geltung der VOB/B trotz Hinweis im Vertrag nicht wirksam vereinbart wurde.

**Privilegierung der VOB/B**

Nach bisheriger Rechtsprechung und der herrschenden Auffassung in der Literatur galt folgender Grundsatz:

Bei Vereinbarung der VOB/B „als Ganzes" brauche eine Inhaltskontrolle nicht stattzufinden, da die VOB/B ein ausgewogenes Gesamtwerk darstelle, das die

---

[16]  Malkwitz A./Karl, C./Jaron, R.: Öffentliche Bauaufträge; München: Oldenbourg; 2009; S. 14.

Interessen beider Vertragspartner angemessen berücksichtige. Dies galt auch dann, wenn zwar durch vorrangige vertragliche Regelungen Abänderungen der VOB/B vorgenommen wurden, diese aber nicht in den sogenannten Kernbereich der VOB/B eingriffen.

Da die Abgrenzungskriterien, wann ein wesentlicher und wann nur ein unwesentlicher Eingriff vorliegt, letztlich unbrauchbar waren, hat der der für Bausachen zuständige 7. Zivilsenats des Bundesgerichtshofs (BGH) seine Rechtsprechung geändert und festgestellt, dass *jede* vertragliche Abweichung von der VOB/B dazu führe, dass diese – und zwar unabhängig vom Gewicht des Eingriffs – nicht „als Ganzes" vereinbart gilt[17].

Durch die Vereinbarung der VOB/B unterliegen sowohl Auftraggeber als auch Auftragnehmer besonderen Pflichten.

Den **Auftraggeber** betreffen folgende **Verpflichtungen** (= Mitwirkungspflichten):

- Bereitstellung des Grundstückes in baureifem Zustand
- rechtzeitige Übergabe von Plänen, § 3 Abs. 1 VOB/B
- Abstecken der Hauptachse, § 3 Abs. 2 VOB/B
- Aufrechterhaltung der Ordnung auf der Baustelle und Regelung des Zusammenwirkens der verschiedenen Unternehmer, § 4 Abs. 1 Nr. 1 S. 1 VOB/B
- Beibringung der öffentlich-rechtlichen Erlaubnis, § 4 Abs. 1 Nr. 1 S. 2 VOB/B

Verletzt der Auftraggeber seine Mitwirkungspflichten, so kann ihm der Auftragnehmer eine Frist zur Nachholung seiner Verpflichtungen setzen. Nach fruchtlosem Ablauf dieser Frist kann der Auftragnehmer den Bauvertrag kündigen und eine angemessene Entschädigung verlangen (§ 9 VOB/B). Unabhängig davon kann der Auftragnehmer eine Verlängerung der Ausführungsfrist gem. § 6 Abs. 2 Nr. 1 a) VOB/B verlangen.

Den **Auftragnehmer** betreffen folgende **Verpflichtungen**:

- Befolgen der Anordnungen des Auftraggebers (§ 4 Abs. 1 Nr. 3 VOB/B)
- Selbstverantwortliche Durchführung der Bauleistungen (§ 4 Abs. 2 Nr. 1 VOB/B)
- Pflichten zur Selbstausführung der Bauleistungen, eine Übertragung der Leistungen auf Nachunternehmer erfordert die Zustimmung des Auftraggebers (§ 4 Abs. 8 VOB/B)
- Einhaltung der Vertragsfrist (§ 5 Abs. 1 VOB/B)

*Pflichten des Auftraggebers*

*Pflichten des Auftragnehmers*

---

[17]  BGH, Urteil vom 22.01.2004 – VII ZR 419/02, NJW 2004, 1597; NZBau 2004, 385.

- Prüfungs- und Hinweispflicht hinsichtlich der Vorleistungen sowie Hinweispflicht gegenüber nachfolgenden Unternehmern (§ 4 Abs. 3 VOB/B)
- Erhaltungs- und Schutzpflichten (§ 4 Abs. 5 VOB/B)

## 1.2.5    Einbeziehung der VOB/B

Was sind Allgemeine Geschäftsbedingungen (AGB)?

Eine gesetzliche Definition dessen, was unter AGB zu verstehen ist enthält **§ 305 Abs. 1 BGB**:

> „Allgemeine Geschäftsbedingungen sind alle für eine Vielzahl von Verträgen **vorformulierten Vertragsbedingungen**, die eine Vertragspartei (Verwender) der anderen Vertragspartei **bei Abschluss eines Vertrags** stellt. [....] Allgemeine Geschäftsbedingungen **liegen nicht vor**, soweit die **Vertragsbedingungen** zwischen den Vertragsparteien **im Einzelnen ausgehandelt** sind."

AGB können sein:

- Vergabehandbücher (bei öffentlichen Auftraggebern)
- Mustervertragsbedingungen (bei privaten Auftraggebern)
- gekaufte Formulare
- notarielle Verträge
- vorgefertigte Anlagen oder Beiblätter

AGB müssen „für eine Vielzahl von Verträgen" vorgesehen sein.

Eine bestimmte Mindestanzahl wird hingegen weder vom Gesetz noch von der Rechtsprechung verlangt. AGB sind auch gültig, wenn der Verwender sie nur einmal einsetzen will. In einem solchen Fall ist eine Prüfung allerdings auf jeden Fall ratsam!

AGB sind „vorformulierte Vertragsbedingungen", d.h. AGB sind demnach keine Individualvereinbarungen. Vertragsbedingungen welche im Einzelnen „ausgehandelt" wurden unterliegen nicht dem AGB-Recht. Werden einzelne Regelungen frei ausgehandelt, heißt das noch nicht, dass die übrigen Regelungen deshalb nicht unter die §§ 305 ff. BGB fallen würden. Denn da AGB durch „eine Vertragspartei [...] [ge-]stellt" werden, stellen sie eine einseitige Vorgabe von Vertragsbedingungen, welche aber trotzdem von der anderen Seite anerkannt werden muss, dar. Der Vertragspartner kann den Inhalt nicht beeinflussen. Auch wenn zwischen verschiedenen Formulierungen gewählt oder Passagen gestrichen werden können, so hat auch in diesem Fall die Gegenseite keinen Einfluss auf den Inhalt.

**Mietvertrag**

Der bereits bekannte Auftraggeber A hat sein Mehrfamilienhaus fertig gestellt und begrüßt seinen ersten Mieter, Herrn M.

Herr M liest den Mietvertrag, den ihm A vorlegt, sorgfältig durch. Dabei stört ihn, dass die Schönheitsreparaturen von einer Fachfirma durchgeführt werden müssen. Da Herr M handwerklich geschickt ist, erklärt sich A bereit, diese Klausel zu ändern und die Formulierung „durch eine Fachfirma" zu streichen. Herr M ist damit einverstanden und unterschreibt den Vertrag. Als Herr M später eine Klausel entdeckt, wonach die Miete auch dann nicht gemindert werden darf, wenn die Wohnung bei Umbauarbeiten bis zu 2 Monaten nicht beheizbar ist, fragt er sich, ob die §§ 305 ff. BGB anwendbar sind.

Während die Klausel zu den Schönheitsreparaturen ausgehandelt wurde, war dies bei der Minderungsregelung nicht der Fall. Beide Bestimmungen stehen in keinem Zusammenhang. Die Anwendbarkeit des AGB-Rechts ist für beide Klauseln getrennt zu beurteilen. Für die Reparaturklausel ist es nicht anwendbar, für die Minderungsregelung hingegen schon. Individualvereinbarungen haben Vorrang vor AGB!

**§ 305 Abs. 2 BGB** enthält die grundlegende Vorschrift darüber, wann AGB Bestandteil eines Vertrages werden:

*Wie AGB einbezogen werden*

„Allgemeine Geschäftsbedingungen werden nur dann Bestandteil eines Vertrags, wenn der Verwender bei Vertragsabschluss

**die andere Vertragspartei ausdrücklich** oder, wenn ein ausdrücklicher Hinweis wegen der Art des Vertragsabschlusses nur unter unverhältnismäßigen Schwierigkeiten möglich ist, durch deutlich sichtbaren Aushang am Ort des Vertragsabschlusses **auf sie hinweist** und

**der anderen Vertragspartei die Möglichkeit verschafft**, in zumutbarer Weise, die auch eine für den Verwender erkennbare körperliche Behinderung der anderen Vertragspartei angemessen berücksichtigt, **von ihrem Inhalt Kenntnis zu nehmen**, und wenn **die andere Vertragspartei mit ihrer Geltung einverstanden** ist."

Das bedeutet im allgemeinen Fall:

Der Hinweis auf die Verwendung der **AGB** muss <u>bei</u> Vertragsschluss im Vertrag selber erfolgen. Sie werden somit **Vertragsbestandteil**!

*AGB werden Vertragsbestandteil*

Bsp.: „Dieser Bestellung liegen unsere Allgemeinen Geschäftsbedingungen zugrunde."

Nachträglich können AGB nur im Wege einer Vertragsänderung einbezogen oder geändert werden. Beispielsweise sind AGB auf einer Garantiekarte in einer verschlossenen Verpackung ungültig! Auch wenn zwischen denselben Parteien mehrere Verträge geschlossen werden, muss der Hinweis auf die AGB bei jedem einzelnen Vertrag erfolgen. Der Verwender muss die Kenntnisnahme ermöglichen, d.h. die AGB werden bei schriftlichen Verträgen in vollem Wortlaut beigefügt und übersendet. Im Einzelhandel sind die AGB in Form eines Aushangs oder in ähnlicher Form an zugänglicher Stelle (Bsp. Kaufhauseingang) üblich. Die AGB müssen verständlich sein, d.h der durchschnittliche Vertragspartner muss ihren Inhalt erfassen können.

> **Fensterreinigung**
>
> Herr M bestellt nach seinem Einzug telefonisch eine Reinigungsfirma für die Reinigung seiner Fenster. Geschäftsführer G der „Blitz & Blank GmbH" bestätigt Termin und Entgelt des Auftrags schriftlich und legt seine AGB bei. Herr M reagiert nicht weiter. Sind die AGB Vertragsbestandteil?

Die AGB sind kein Vertragsbestandteil geworden.

Herr M hat – ohne auf ein Angebot des G zu warten – einen Auftrag erteilt, welcher durch G telefonisch angenommen wurde. Die Auftragsbestätigung war nicht nötig für den Vertragsschluss. Außerdem hat Herr M sich nicht mit der Geltung der AGB einverstanden erklärt (Grundsatz: Schweigen führt keine Rechtswirkung herbei.).

Anders wäre es jedoch, wenn das Angebot zum Vertragsschluss von G ausgegangen wäre, dieser auf die Geltung der AGB hingewiesen und Herr M die Möglichkeit der Kenntnisnahme gehabt hätte. Hätte Herr M dann das Angebot angenommen, hätte er damit auch sein Einverständnis mit der Geltung der AGB erklärt (Konkludentes Handeln/Schlüssiges Verhalten).

Einziehung von AGB bei Unternehmern

Bei **Verträgen mit Unternehmern** kann die Einbeziehung von AGB einfacher erfolgen. Grundlage ist § 310 Abs. 1 BGB:

> „**§ 305 Abs. 2 und 3 [...] finden keine Anwendung** auf Allgemeine Geschäftsbedingungen, die **gegenüber einem Unternehmer**, einer juristischen Person des öffentlichen Rechts oder einem öffentlich-rechtlichen Sondervermögen verwendet werden. [...]."

Das bedeutet, dass bei Unternehmern AGB Vertragsinhalt werden, wenn der Verwender in dem Vertrag diese als Vertragsinhalt nur benennt, d.h. lediglich der Hinweis auf die Verwendung von AGB ist ausreichend.

Er muss diese weder dem Vertrag beifügen noch die Kenntnisnahme ermöglichen! Der Vertragspartner, dem die AGB gestellt werden, sollte in diesem Fall
darauf drängen, ein Exemplar der AGB zu erhalten!

Auch wenn die Voraussetzungen des § 305 Abs. 2 BGB erfüllt sind, kann es
sein, dass einzelne Klauseln nicht in den Vertrag mit einbezogen werden, weil
sie zu den „überraschenden Klauseln" i. S. d. § 305c Abs. 1 BGB gehören:

„**Bestimmungen** in Allgemeinen Geschäftsbedingungen, **die** nach den Umständen, insbesondere nach dem äußeren Erscheinungsbild des Vertrags, **so
ungewöhnlich sind, dass der Vertragspartner** des Verwenders **mit ihnen
nicht zu rechnen braucht**, werden nicht Vertragsbestandteil."

Demnach kommt es darauf an, ob die Klausel:

- ungewöhnlich ist,
- mit dem Wesen des Vertrages unvereinbar ist,
- der Werbung des Verwenders widerspricht,
- erheblich vom nicht zwingenden Recht abweicht,
- der Vertragspartner von ihr überrascht ist oder
- diese nicht ausreichend hervorgehoben bzw. versteckt und außergewöhn-
  lich ist.

### Miete für Pfandflaschen

Handwerker F legt in der Wohneinheit von Auftraggeber A die Fliesen im
Badezimmer. In der Pause kauft F in einem Getränkemarkt einen Kasten
Mineralwasser. Er wird dort auf die aushängenden AGB hingewiesen, die
er mit einem kurzen Blick zur Kenntnis nimmt, aber nicht vollständig
durchliest. Er zahlt 6,- € für das Wasser sowie 4,60 € an „Pfand". Als er
die leere Wasserkiste nach vier Wochen zurückgibt, berechnet der Inhaber
des Getränkemarkts für jede Woche 1,- € Miete für das Leergut und
möchte F nur 0,60 € auszahlen. Tatsächlich enthalten die AGB eine entsprechende Klausel. Muss F sich damit abfinden?

Nein, da die Klausel, wonach für jede Woche 1,- € an Miete für das Leergut zu
zahlen sind nicht Bestandteil des Vertrages zwischen Handwerker F und dem
Getränkemarkt geworden ist. Zwar ist das AGB-Recht anwendbar und die
Voraussetzungen des § 305 Abs. 2 BGB sind erfüllt, aber die AGB enthalten
insoweit eine überraschende Klausel: Wer „Pfand" für das Leergut gezahlt hat,
kann und muss nicht damit rechnen, dass weitere Kosten für die Überlassung
anfallen.

Unter welchen **Voraussetzungen** vorformulierte Vertragsbedingungen als
AGB **formal** in einen Vertrag **einbezogen** werden soll das folgende Schema
zusammenfassen:

| Ausdrücklicher Hinweis auf die AGB |
| Möglichkeit der Kenntnisnahme (entfällt bei Unternehmern) |
| Einverständnis des Vertragspartners |
| Keine überraschende Klausel |

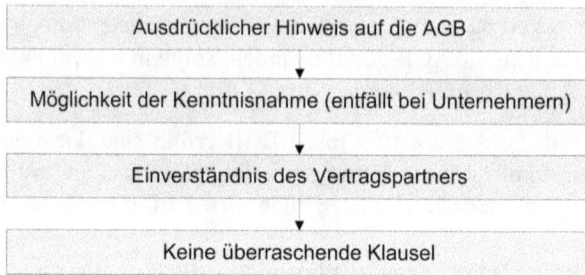

*Abbildung 1-5: Einbeziehung von AGB*

Die Einbeziehung von AGB in den Vertrag bedeutet aber noch nicht, dass die Klauseln auch wirksam sind.

Im weiteren Verlauf geht es darum, ob solche formal wirksam einbezogenen AGB auch inhaltlich vor den §§ 305 ff. BGB Bestand haben.

**Prüfung von AGB und Rechtsfolgen**

Die inhaltliche **Prüfung unterscheidet** grundsätzlich zwischen den **verschiedenartigen Vertragspartnern** des Verwenders der AGB. Folgende Tabelle soll als Arbeitshilfe dienen und die relevanten Paragraphen gem. BGB aufzeigen.

| Vertragspartner | Verbraucher o. andere | Unternehmer |
|---|---|---|
| Zu prüfen in der Reihenfolge | 1. § 309 BGB<br>2. § 308 BGB<br>3. § 307 BGB | nur § 307 BGB |

*Abbildung 1-6: Prüfung von AGB*

Die §§ 308, 309 BGB enthalten Kataloge unwirksamer Klauseln. Diese Kataloge greifen aber nicht, wenn der Vertragspartner ein Unternehmer ist. Hingegen stellt § 307 BGB die Generalklausel dar und ist für alle Fälle zu prüfen.

§ 309 BGB Klauselverbote ohne Wertungsmöglichkeit:

* Kurzfristige Preiserhöhungen
* Leistungsverweigerungsrechte
* Aufrechnungsverbot
* Mahnung, Fristsetzung
* Pauschalierung von Schadensersatzansprüchen
* Vertragsstrafe
* Haftungsausschluss bei Verletzung von Leben, Körper, Gesundheit und bei grobem Verschulden
* Sonstige Haftungsausschlüsse bei Pflichtverletzung
* Laufzeit bei Dauerschuldverhältnissen

* Wechsel des Vertragspartners
* Haftung des Abschlussvertreters
* Beweislast
* Form von Anzeigen und Erklärungen

§ 308 BGB Klauselverbote mit Wertungsmöglichkeit:

* Annahme- und Leistungsfrist
* Nachfrist
* Rücktrittsvorbehalt
* Änderungsvorbehalt
* Fingierte Erklärungen
* Fiktion des Zugangs
* Abwicklung von Verträgen
* Nichtverfügbarkeit der Leistung

§ 307 BGB Inhaltskontrolle:

„(1) Bestimmungen in Allgemeinen Geschäftsbedingungen sind unwirksam, wenn sie den Vertragspartner des Verwenders entgegen den Geboten von Treu und Glauben unangemessen benachteiligen. Eine unangemessene Benachteiligung kann sich auch daraus ergeben, dass die Bestimmung nicht klar und verständlich ist.

(2) Eine unangemessene Benachteiligung ist im Zweifel anzunehmen, wenn eine Bestimmung
1. mit wesentlichen Grundgedanken der gesetzlichen Regelung, von der abgewichen wird, nicht zu vereinbaren ist oder
2. wesentliche Rechte oder Pflichten, die sich aus der Natur des Vertrags ergeben, so einschränkt, dass die Erreichung des Vertragszwecks gefährdet ist.

(3) Die Absätze 1 und 2 sowie die §§ 308 und 309 gelten nur für Bestimmungen in Allgemeinen Geschäftsbedingungen, durch die von Rechtsvorschriften abweichende oder diese ergänzende Regelungen vereinbart werden. Andere Bestimmungen können nach Absatz 1 Satz 2 in Verbindung mit Absatz 1 Satz 1 unwirksam sein.

Stellt sich heraus, dass eine Vertragsklausel unwirksam ist, so tritt an ihre Stelle die gesetzliche Regelung, sofern diese existiert. Rechtsfolgen bei Nichteinbeziehung und Unwirksamkeit von Klauseln regelt § 306 BGB.“

§ 306 BGB Rechtsfolgen bei Nichteinbeziehung und Unwirksamkeit

„(1) Sind Allgemeine Geschäftsbedingungen ganz oder teilweise nicht Vertragsbestandteil geworden oder unwirksam, so bleibt der Vertrag im Übrigen wirksam.

(2) Soweit die Bestimmungen nicht Vertragsbestandteil geworden oder unwirksam sind, richtet sich der Inhalt des Vertrags nach den gesetzlichen Vorschriften.

(3) Der Vertrag ist unwirksam, wenn das Festhalten an ihm auch unter Berücksichtigung der nach Absatz 2 vorgesehenen Änderung eine unzumutbare Härte für eine Vertragspartei darstellen würde."

### Verjährungsfrist für Mängelansprüche

Der Nachbar N von Vermieter A hat vor drei Jahren von Installateur I eine Heizung einbauen lassen. I hat damals vorgefertigte Vertragsbedingungen verwendet, in denen er die Verjährungsfrist für Mängelansprüche auf ein Jahr beschränkt. Als sich jetzt Mängel zeigen, weigert sich I, diese zu beseitigen. N fragt A um Rat. Hat I recht?

I's Vertragsbedingungen verstoßen gegen das Verbot in § 309 Nr. 8 b ff. BGB. Demnach darf die Verjährungsfrist für Arbeiten an einem Bauwerk (§ 634a Abs. 1 Nr. 2 BGB) nicht verkürzt werden (ausgenommen Verträge nach VOB/B). Anstatt der vertraglichen Regelung greift die gesetzliche Verjährungsfrist von 5 Jahren ein. N kann demnach zu recht Mängelansprüche gegen I geltend machen.

Sich widersprechende AGB

Wenn zwei Unternehmen einen Vertrag schließen, wird jedes Unternehmen auf die Einbeziehung seiner AGB als Vertragsbestandteil bestehen.

### Zwei AGB in einem Vertrag

Unternehmer P bestellt bei Firma D Material. Im Bestellschreiben des P steht „Für diese Bestellung gelten unsere Allgemeinen Geschäftsbedingungen.".

D bestätigt den Auftrag. Auf dem Briefbogen findet sich der Hinweis „Aufträge werden nur auf der Grundlage unserer Allgemeinen Vertragsbedingungen ausgeführt.".

Wessen AGB ist gültig?

Der Vertrag kommt weder mit den AGB von P noch mit den AGB von D zustande, da keiner der beiden die AGB des anderen akzeptiert hat. Es gilt auch nicht eine Art „Recht des letzten Wortes".

# 1.3    Die Vertragstypen des BGB

Gesetzliche Grundlage für Verträge zur Errichtung von Bauwerken zwischen Auftraggeber und Auftragnehmer ist das Bürgerliche Gesetzbuch (BGB). Das BGB kennt verschiedene Vertragstypen – auch „Schuldverhältnisse" genannt –, auf die jeweils spezielle Regelungen Anwendung finden. Das Schuldverhältnis Bauvertrag ist nach den Kategorien des BGB ein Werkvertrag, der sich vor allem dadurch auszeichnet, dass der Auftragnehmer (im BGB „Unternehmer" genannt) den Werkerfolg schuldet, der Auftraggeber (im BGB „Besteller" genannt) die Zahlung der Vergütung (Werklohn) sowie die Abnahme des Werkes, wenn dieses als im Wesentlichen vertragsgerecht hergestellt worden ist. Der Auftragnehmer schuldet dem Auftraggeber somit als Vertragsleistung einen bestimmten „Erfolg" – die Herstellung des versprochenen Werkes –, und nicht nur die bloße Tätigkeit.

Über die Regelungen des besonderen Schuldrechts hinaus (das sind die Vertragstypen basierend auf z.B. Werkvertrags-, Dienstvertrags-, Kauf-, Miet- oder Arbeitsrecht) gibt es noch das allgemeine Schuldrecht sowie einen – noch allgemeineren – Allgemeinen Teil des BGB, der für sämtliche Schuldverhältnisse gilt.

*Allgemeines und besonderes Schuldrecht*

---

### BGB

Buch 1 – Allgemeiner Teil (§§ 1–240)

Buch 2 – Recht der Schuldverhältnisse (§§ 241–853)

   §§ 433 ff.: Kaufvertrag

   …

   §§ 631 ff.: Werkvertrag

   …

Buch 3 – Sachenrecht (§§ 854–1296)

Buch 4 – Familienrecht (§§ 1297–1921)

Buch 5 – Erbrecht (§§ 1922–2385)

---

*Abbildung 1-7: Inhalt des Bürgerlichen Gesetzbuchs*

Insbesondere der Allgemeine Teil sowie das allgemeine Schuldrecht des BGB (§§ 241 ff. BGB) enthalten Generalklauseln, die im Baurecht immer wieder eine Rolle spielen. So gibt es die Begriffe der „guten Sitten" (§ 138 BGB) oder „Treu und Glauben mit Rücksicht auf die Verkehrssitte" (§ 242 BGB), die bisweilen als Auslegungsmaßstab herangezogen werden. Danach ist jedes Rechtsgeschäft, das gegen die guten Sitten verstößt, sei es beispielsweise ein Werk-, Dienst-, Kauf- oder Mietvertrag, nach den Regeln des allgemeinen Teils des BGB (§ 138 BGB) nichtig.

## 1.3.1    Das Wesen des Werkvertrages

Leistung & Erfolg gegen
Lohn

Beim Werkvertrag (§§ 631 ff. BGB) **schuldet der Unternehmer** dem Besteller die Herstellung eines Werkes, das heißt **die Herbeiführung eines bestimmten Erfolges** körperlicher oder nichtkörperlicher Art und der Besteller
**als Gegenleistung** dem Unternehmer den **Werklohn.**

**Gegenstand** typischer Werkverträge sind **Bauarbeiten**, **Reparaturarbeiten**,
handwerkliche Tätigkeiten (Möbelanfertigung, Installation, Tapezieren),
Transportleistungen oder die Erstellung von Gutachten und Plänen.

Unter Bezug auf **§ 651 BGB** wird die Anwendung des **Kaufrechts** geregelt.

In § 631 BGB sind die wesentlichen Merkmale des Werkvertrages geregelt:

> „(1) Durch den Werkvertrag wird der Unternehmer zur Herstellung des ver-
> sprochenen Werkes, der Besteller zur Entrichtung der vereinbarten Vergü-
> tung verpflichtet.
>
> (2) Gegenstand des Werkvertrags kann sowohl die Herstellung oder Verän-
> derung einer Sache als auch ein anderer durch Arbeit oder Dienstleistung
> herbeizuführender Erfolg sein."[18]

Im Werkvertrag ist es einem Auftragnehmer grundsätzlich freigestellt, wie er
das Werk, d.h. den Erfolg der vertraglich fixierten Leistung herbeiführt. Für
den Auftraggeber besteht insoweit kein Weisungsrecht.[19]

Der Werkvertrag des BGB berücksichtigt die Besonderheiten des Bauens lediglich an wenigen Stellen. So wird z.B. im § 634, mit dem Unterparagraphen
634a, die Gewährleistungspflicht bei Arbeiten an Bauwerken auf fünf Jahre
festgelegt. An dieser Stelle ist anzumerken, dass nach § 13 Abs. 4 VOB Teil B,
eine gegenüber dem BGB verkürzte Verjährungsfrist für Mängelansprüche von
lediglich 4 Jahren festgelegt wird! Diese wird rechtsgültig, sobald ein Bauvertrag mit der Vereinbarung der VOB beschlossen wird. Darüber hinaus gibt es
den § 648 mit dem Unterparagraphen 648a, in dem die besonderen Siche-
rungsbedürfnisse eines Bauunternehmers geregelt sind.

Allerdings ist das Bauen mit zahlreichen Besonderheiten im Vergleich zu vie-
len anderen Werkverträgen verbunden. Ergänzend zum BGB müssen daher
verschiedene Dinge geregelt werden. Beispielsweise die Besonderheiten, welche sich aus der langen Dauer der Bauwerkserstellung ergeben. Außerdem ist
die Frage zu stellen, wie mit Behinderungen und Unterbrechungen aus Grün-

---

[18]   Siehe § 631 BGB.

[19]   Vgl. Plümecke: Preisermittlung für Bauarbeiten; 25. überarbeitete und erweiterte Auflage;
       Köln: Verlagsgesellschaft Rudolf Müller GmbH & Co. KG, 2004, S. 14.

den, die der Bauherr verschuldet hat, oder die auf Witterungseinflüsse zurückzuführen sind, umzugehen ist. Des Weiteren gilt es, sich mit den Spezifikationen der Abnahme, Gewährleistung, Abrechnung oder Abschlagszahlungen auseinanderzusetzen.

## 1.3.2     Abgrenzung zum Dienstvertrag

Neben dem Werkvertrag existiert auch der Dienstvertrag gem. § 611 BGB. Dieser, in der Baupraxis regelmäßig vorkommende, Vertragstyp muss streng vom Werkvertrag abgegrenzt werden.

*Keine Verpflichtung zum Erfolg*

Unter dem Dienstvertrag wird ein gegenseitiger Vertrag, durch den sich einerseits der Unternehmer gegenüber dem Bauherren als Besteller zur Erfüllung seiner vertraglich vereinbarten Leistung verpflichtet und andererseits der Besteller der Vergütungspflicht nachzukommen hat, verstanden.

| Vertrag | Merkmal |
|---|---|
| **Werkvertrag**<br>Erbringen einer Leistung zur Herstellung eines Werkes und Herbeiführung eines bestimmten Erfolges (z.B. bei Erstellung und Reparatur eines Bauwerks). | Leistung<br>+<br>Erfolg |
| **Dienstvertrag**<br>Erbringen einer Leistung und <u>keine</u> Verpflichtung zur Herbeiführung eines bestimmten Erfolges. | Leistung |
| **Werklieferungsvertrag**<br>Übereignung einer selbst beschafften und veränderten Sache durch Erbringen einer Leistung | Leistung<br>+<br>Sache |
| **Kaufvertrag**<br>Übereignung einer Sache (z.B. Anfertigung von Gegenständen, die später beim Besteller eingearbeitet oder eingebaut werden sollen). | Sache |

*Abbildung 1-8: Abgrenzung verschiedener Verträge*

Im Gegensatz zum Werkvertrag verpflichtet sich der Unternehmer nur zur Erbringung einer Leistung (eines Dienstes). Zum Erfolg ist er nicht verpflichtet.

### Taxifahrt

Neffe N besucht seinen Onkel A und ist gerade am Bahnhof angekommen. Er nimmt sich dort ein Taxi, das ihn zum neuen Haus von A fahren soll.

Um welche Art von Vertrag handelt es sich zwischen N und dem Taxifahrer?

In diesem Fall handelt es sich um einen Werkvertrag. Der Taxifahrer erbringt eine Leistung (die Taxifahrt) und schuldet einen bestimmten Erfolg, nämlich den N vom Bahnhof zum Haus vom A zu bringen. Wäre es nur ein Dienstvertrag, also der Erfolg nicht verpflichtend für den Taxifahrer, dann wäre die Zahlung der Vergütung für die Taxifahrt auch fällig, wenn N nicht wie gewünscht bei A angekommen wäre, sondern irgendwo anders.

**Nachhilfe**

Neffe N büffelt für sein Abitur und hat große Probleme im Fach Mathematik. Er wendet sich deswegen an den Mathematik-Studenten B, damit dieser ihm Nachhilfestunden erteilt.

Um welche Art von Vertrag handelt es sich zwischen N und dem Studenten B?

In diesem Fall handelt es sich um einen Dienstvertrag. B schuldet keinen Erfolg. Er ist nicht dafür verantwortlich, dass A auch das Abitur in dem Fach Mathematik besteht, sondern erbringt nur die Leistung der Nachhilfe.

## 1.3.3    Abgrenzung zum Werklieferungsvertrag

Eine weitere Abgrenzung zum Werkvertrag stellt der Werklieferungsvertrag dar. Hat der Unternehmer die Bearbeitung oder Verarbeitung eines Gegenstandes übernommen (einen Dienst) und verwendet er hierbei Stoffe, die er selbst beschafft, so ist die Leistung als Werklieferung anzusehen, wenn es sich bei den Stoffen nicht nur um Zusatz-/Nebenstoffe oder sonstige Nebensachen handelt.

Wenn das Werk aus mehreren Hauptstoffen besteht, liegt bereits dann eine Werklieferung vor, wenn der Unternehmer nur einen Teil des Hauptstoffes selbst beschafft hat, während alle übrigen Stoffe vom Besteller bereit gestellt werden. Demnach muss mit einer Werklieferung die Wesensart eines Gegenstandes verändert werden. Umsatzsteuerrechtlich ist eine Werklieferung wie eine Lieferung zu behandeln.[20]

## 1.3.4    Abgrenzung zum Kaufrecht

Kaufrecht auch im
Bauwesen aktuell

Bis zum Jahre 2001 hatte der Bauunternehmer wenige Berührungspunkte zum Kaufrecht, da die meisten Verträge mit seinen Zulieferern Werkverträge bzw. Verträge gem. VOB/B waren.

---

[20]   Siehe § 3 UStG – Lieferung, sonstige Leistung.

Seit der Modernisierung des Schuldrechts (§§ 241–853 BGB) muss der Unternehmer differenzieren in welchen Fällen die Regeln des Kaufrechts zu beachten sind. Von besonderer Bedeutung ist hierbei § 651 BGB, wonach die Lieferung beweglicher Sachen (Werklieferungsvertrag) dem Kaufrecht unterliegt.

Hat die zu erbringende Leistung ihren Schwerpunkt in der Lieferung/Anfertigung, so gilt das Kaufrecht.[21] Besteht die Leistung in einem darüber hinaus gehenden Erfolg, so gilt das Werkvertragsrecht (Abbildung 1-9). Die weiteren Arbeiten bilden hier den Schwerpunkt der Leistung.

*Schwerpunkt ist die Lieferung*

| Kaufrecht | Werkvertragsrecht |
|---|---|
| **Lieferung beweglicher Sachen** | **Erstellung eines Bauwerks** |
| - Lieferung von Fertigteilen für den Bau,<br>- Lieferung von Baumaterialien,<br>- Lieferung von Fertiggaragen,<br>- Lieferung von Fenstern und Türen. | Weitergehende Arbeiten insbesondere Planungs- und Einbauarbeiten |
| **Die Herstellung und / oder Lieferung bildet den Schwerpunkt der Leistung** | **Die weiteren Arbeiten bilden den Schwerpunkt der Leistung** |

*Abbildung 1-9: Kaufrecht gegenüber Werkvertragsrecht*

Um zwischen dem Kauf- und Werkvertragsrecht differenzieren zu können muss der Schwerpunkt der Leistung klar definiert werden. Anhaltspunkte zur Ermittlung des Schwerpunkts ergeben sich bspw. aus der Angebotskalkulation des Anbieters.

## 1.3.5 Auswirkungen des Kaufrechts

Die Unterscheidung zwischen Werk- und Kaufvertragsrecht hat insbesondere Auswirkungen hinsichtlich der Vergütung, des Bestehens eines Selbstvornahmerechts, des Wahlrechts bzgl. der Art der Mangelbeseitigung sowie der Möglichkeit der Kündigung.

---

[21]  BGH, Urteil vom 23.07.2009 – VII ZR 151/08, IBR 2009, 575; Urteil vom 09.02.2010 – X ZR 82/07, IBR 2010, 261

| Kaufrecht | Werkvertragsrecht |
|---|---|
| Fälligkeit der Vergütung bereits mit Vertragsschluss. | Fälligkeit der Vergütung erst mit der Abnahme |
| Kein ausdrückliches Recht, den Mangel selbst zu beseitigen (Selbstvornahme). | Recht zur Selbstvornahme besteht ausdrücklich. |
| Käufer wählt die Art der Mängelbeseitigung | Werkunternehmer wählt die Art der Mängelbeseitigung. |
| Keine ausdrückliche Kündigungsmöglichkeit. | Werkbesteller kann jederzeit kündigen (kostenpflichtig). |

*Abbildung 1-10: Auswirkungen des Kaufrechts*

Liefern und verlegen

### Auswirkungen des Kaufrechts

Bauherr A will die Fliesen für vier Badezimmer eines Mehrfamilienhauses von einem örtlichen Handwerker F liefern und verlegen lassen. Unmittelbar nach Beauftragung des F erhält A eine Rechnung über den vertraglich vereinbarten Betrag. Da A es auf seiner Baustelle gewohnt war die Rechnungen erst nach Abnahme zu begleichen will er auch hier so verfahren und bezahlt nicht. Daraufhin verweist F auf die Tatsache, dass die vertragliche Vereinbarung dem Kaufrecht unterliege. Muss F bis zur Abnahme warten oder hat er Recht, wenn er bereits jetzt seine Bezahlung fordert?

F hat Unrecht, da hier der Schwerpunkt der Leistung das Verlegen von Fliesen ist und somit zum Werkvertragsrecht zählt. Ohne es zu Wissen hat A hier richtig gehandelt.

# 2    Der Bauvertrag

## 2.1    Das Zustandekommen eines Bauvertrages

Der Bauvertrag ist der (privatrechtliche) Vertrag zwischen zwei Parteien, einem Auftraggeber (Besteller bzw. Bauherr), und einem Auftragnehmer (Unternehmer) über die Erbringung von Bauleistungen. Dabei kann es sich um die Erstellung eines fertigen Neubaus (Schlüsselfertigbau), einzelner Teile davon (Rohbau), Umbauten, Renovierungs- bzw. Sanierungsarbeiten oder um Einzelleistungen verschiedener Gewerke (Maurer-, Malerarbeiten, Heizungsbau etc.) handeln.

### 2.1.1    Angebot und Annahme

Ein Bauvertrag kommt durch Angebot und Annahme, d.h. durch zwei übereinstimmende Willenserklärungen zustande. Davon abzugrenzen ist die Aufforderung zur Abgabe eines Angebots („invitatio ad offerendum"), welche kein Angebot darstellt und deshalb nicht durch einfaches „Ja" angenommen werden kann. Eine solche Aufforderung zur Abgabe eines Angebots stellt die bloße Übersendung eines Leistungsverzeichnis-Blanketts an einen Bauunternehmer dar, verbunden mit der Aufforderung, dieses auszufüllen und einzureichen. Wird dieses Leistungsverzeichnis vom Bauunternehmer eingereicht, stellt dieses dann ein Angebot im Rechtssinne dar, das vom Auftraggeber durch einfache Annahmeerklärung („Ja") angenommen werden kann.

*Zwei übereinstimmende Willenserklärungen*

Wenn der Auftragnehmer im Begleitschreiben seines Angebots dargelegt hat, von welchen Grundlagen er bei Abgabe seines Angebots ausgegangen ist (Kalkulation), und nimmt der Auftraggeber dieses Angebot an, so wird dies Begleitschreiben ebenfalls Vertragsgrundlage.[22] Die grundsätzlich bestehende Bindung an ein solches Angebot erlischt nur, wenn der Angebotsempfänger das Angebot abgelehnt oder wenn er es diesem gegenüber nicht rechtzeitig annimmt (§§ 146 ff. BGB).

---

[22] OLG Schleswig, Urteil vom 22.12.2005 – 5 U 55/05, BGH, Beschluss vom 09.11.2006, VII ZR 12/06, Nichtzulassungsbeschwerde zurückgewiesen.

Wer die Grundlagen für die Erstellung eines Angebots erstellt, Auftragnehmer oder Auftraggeber, ist ohne Bedeutung. Bei öffentlichen Ausschreibungen ist der öffentliche Auftraggeber als ausschreibende Stelle allerdings nach den Regeln des Vergaberechts verpflichtet, die dafür notwendigen Informationen über die geforderte Leistung in den Vergabe- und Vertragsunterlagen (Ausschreibung) an den Bieter zu geben.

## 2.1.2    Zugang von Angebot und Annahme

Abgabe und Zugang der
Willenserklärung

Da Willenserklärungen als „Äußerungen eines auf die Herbeiführung einer Rechtswirkung gerichteten Willens" empfangsbedürftig sind, müssen Angebot und Annahme dem jeweiligen Vertragspartner zugegangen sein. Willenserklärungen haben also nur dann Folgen, wenn sie ihren Empfänger auch tatsächlich erreichen (Zugang). Empfangsbedürftige Willenserklärungen bedürfen somit neben ihrer Abgabe auch des Zugangs beim Erklärungsempfänger oder einem Vertreter.

**Briefkasten wird nicht geleert**

Bauunternehmer G gibt gegenüber Auftraggeber A ein Angebot ab. Unmittelbar nach Versendung stellt G fest, dass er sich bei seinem Angebot zu Gunsten des A verkalkuliert hat. Da er davon ausgeht, dass der A den Auftrag schriftlich annehmen wird, beschließt G, für ein paar Wochen den Briefkasten nicht mehr zu leeren.

Kann er so den Vertragsschluss verhindern?

G kann den Zugang der Vertragsannahme jedenfalls auf diese Weise nicht verhindern. Zugang setzt nämlich lediglich voraus, dass die Willenserklärung (hier die Annahme des Angebots) in den **Bereich des Empfängers** gelangt und dass er **unter normalen Umständen** die Möglichkeit hat, **Kenntnis von ihr zu nehmen**, § 130 BGB.

**Nicht an das Telefon gehen**

Bauunternehmer G gibt gegenüber Auftraggeber A ein Angebot ab. Unmittelbar nach Versendung stellt G fest, dass er sich bei seinem Angebot zu Gunsten des A verkalkuliert hat. A versucht vergeblich G telefonisch zu erreichen, um ihm mitzuteilen, dass er die angebotene Leistung erbringen soll.

G geht absichtlich nicht an das Telefon. Kann er so den Vertragsschluss verhindern?

Hier kann Bauunternehmer G den Zugang der Vertragsannahme verhindern. Die Annahme des Angebots geht ihm nämlich nicht zu, da sie **nie ausgesprochen** wurde. Die bloße Absicht des A reicht nicht aus. Der Vertrag kommt mangels Annahme nicht zustande.

Von der Kenntnisnahme kann aber nur dann gesprochen werden, wenn der Absender unter normalen Umständen von dieser ausgehen darf (Einwurf am Samstagabend, Kenntnisnahme frühestens am nächsten Werktag).

Mündliche empfangsbedürftige Willenserklärungen gelten als zugegangen, wenn sie hörbar sind und für den Empfänger auch tatsächlich verständlich waren.

Eine nicht zugegangene Willenserklärung (verlorener Brief, nicht hörbares Flüstern) hat keine rechtliche Wirkung!

## 2.1.3    Geänderte Annahme = neues Angebot

Nur wenn sich der Inhalt von Angebot und Annahme decken, gilt der Vertrag als geschlossen.

**Geändertes Angebot durch Auftraggeber**

Nach erfolglosem Versuch, Bauunternehmer G telefonisch zu erreichen, will Auftraggeber A nun den Mitbewerber P, der auch bereits ein Angebot abgegeben hatte, mit der Ausführung der Arbeiten beauftragen. In der Zwischenzeit hat der Tragwerksplaner T dem A jedoch weitere Ausführungszeichnungen eingereicht, die A an P weiterreicht.

A erteilt P auf der Grundlage des ursprünglichen Angebots, ergänzt durch die weiteren Ausführungszeichnungen, „den Auftrag".

1. Kommt ein Vertrag zustande?
2. Werden auch die nachträglich überreichten Ausführungszeichnungen Bestandteil des Vertrages?

Weil sich die Inhalte von Angebot und Annahme nicht decken, stellt die „Auftragserteilung" des A gegenüber P keine Annahme des Angebots des P dar. Wird ein Angebot nämlich mit Änderungen angenommen, so gilt dies nach § 150 BGB als Ablehnung des ersten Angebots, verbunden mit einem neuen Antrag (Angebot).[23] Es hängt dann von einer Willenserklärung des anderen Vertragspartners ab (Annahmeerklärung), ob ein Vertrag zustande kommen wird.

---

[23]   Vgl. BGH, Urteil vom 24.02.2005, – VII ZR 141/03, IBR 2005, 299.

A kann P also nur den Auftrag zu den im ursprünglichen Angebot enthaltenen Konditionen erteilen oder muss nachverhandeln.

### Geändertes Angebot durch Auftragnehmer

<u>Variante</u>: Nach erfolgreichem Zugang des „Auftrags" bei P (s. o.) und dessen „Auftragsbestätigung" gegenüber A, fällt diesem auf, dass P in seinem ursprünglichen Angebot in zwei Positionen Änderungen vorgenommen hatte.

1. Ist ein Vertrag zwischen A und P zustande gekommen?
2. Kann A dem P den Auftrag wieder entziehen?

Hier dürfte ein wirksamer Vertrag zustande gekommen sein, der auf dem neuen Angebot des A beruht (s. o.). A kann den Auftrag allerdings wieder entziehen. Dieses Recht steht dem Auftraggeber jederzeit zu (§ 649 S. 1 BGB bzw. § 8 Abs. 1 VOB/B). Allerdings fehlt es an einem wichtigen Grund, so dass A gegenüber P die vereinbarte Vergütung abzgl. ersparter Aufwendungen und anderweitigem Erwerb zu zahlen hätte. Das von P eingereichte Angebot war als ein neues Angebot anzusehen, welches A – mit den Änderungen (geänderte Positionen) angenommen hatte.

Dieser Situation hätte A dadurch entgehen können, das er mit P noch einmal über den Auftrag verhandelt oder den Auftrag nicht auf der Grundlage des Angebots des P erteilt hätte.

### Wieder geändertes Angebot durch Auftragnehmer

Fall wie oben: Nach erfolglosem Versuch, G telefonisch zu erreichen, will A den P mit der Ausführung der Arbeiten beauftragen. Nach Zugang des Auftragsschreibens des A bei P fällt A auf, dass P in zwei Positionen Änderungen eingefügt hat. P hat den Auftrag aber noch nicht gegenüber A schriftlich bestätigt.

Ist ein wirksamer Vertragsschluss zwischen A und P zustande gekommen?

Auch ohne Bestätigung durch P ist ein Vertrag geschlossen worden, der auf dem geänderten Angebot beruht. Eine neuerliche Bestätigung durch P, dass er den ihm erteilten Auftrag annimmt, ist nicht nötig.

## 2.1.4    Preiskürzung im Auftragsschreiben

Abweichungen zwischen Angebot und Annahme kann es nicht nur hinsichtlich der Leistungsbeschreibung, sondern auch hinsichtlich des Preises geben. So kommt es häufig vor, dass der Auftraggeber den im Angebot des Auftragnehmers enthaltenen Preis im „Auftragsschreiben" kürzt.

**Vertragsschluss mit Nachlass**

Bauunternehmer P schickt seinem Nachunternehmer N ein Leistungsverzeichnis. N unterbreitet auf dieser Grundlage ein Angebot (Einsetzen von Preisen in das Leistungsverzeichnis) für die Durchführung von Rohbauarbeiten zum Preis von 100.000,- Euro zzgl. MwSt.

P schreibt nach Eingang des Angebots, N könne die Arbeiten ausführen, müsse aber einen Preisnachlass von 10% der Nettosumme gewähren.

Da die Arbeiten äußerst eilbedürftig sind, antwortet N auf dieses Schreiben nicht, sondern beginnt schon am nächsten Tag mit den Arbeiten und führt diese zur Zufriedenheit aller aus (mängelfrei).

Bei der Schlussrechnung berechnet N den vollen Preis und verweist darauf, er habe in einem Seminar gelernt, dass ein Vertrag Angebot und Annahme voraussetze, und deshalb eine volle Übereinstimmung über alle wesentlichen Vertragsinhalte erforderlich sei. Er habe sich mit der Preiskürzung aber nicht einverstanden erklärt.

1. Ist ein Vertrag zustande gekommen?
2. Mit welchem Inhalt bzw. Preis?

Der Vertrag ist mit dem gekürzten Preis („Nachlass") zustande gekommen. Es kommt nämlich nicht darauf an, was N (heimlich) denkt. Maßgeblich ist dessen nach außen erkennbares Verhalten. Durch die Änderung des Angebots von Seiten des P war dessen „Annahme" als neues Angebot zu werten (§ 150 BGB). Dieses bedurfte keiner schriftlichen Annahme des P, sofern sichergestellt war, dass das neue Angebot N pünktlich erreicht. Davon war hier auszugehen. Also dürfte ein Vertrag mit dem reduzierten Preis zustande gekommen sein (§ 151 BGB). Denn ein Vertrag kommt, ohne dass die Annahme dem Antragenden (Anbietenden) gegenüber erklärt zu werden braucht, auch dann zustande, wenn eine solche Erklärung – wie hier aufgrund der Dringlichkeit – nach der Verkehrssitte nicht zu erwarten war oder der Antragende auf sie verzichtet hat.

**Vertragsschluss ohne Ausführungsfristen**

Maler M erhält eine Aufforderung zur Abgabe eines Angebots für Malerarbeiten. Auftraggeber A macht innerhalb der Ausschreibung keine Angaben über die vorgesehene Ausführungszeit. M reicht das Angebot ohne Angabe zur Bauzeit fristgerecht am 12. April ein.

A erteilt den Auftrag an M. Im Zuschlagsschreiben nennt A erstmals als Ausführungsbeginn den 23. April und weist darauf hin, dass die Fertigstellung am 27. April gewährleistet sein müsse.

M erklärt daraufhin, dass er den Auftrag wegen zu kurzer Ausführungsfrist ablehne. A fordert Schadensersatz.

Hat A Recht?

M hat ein Angebot abgegeben ohne Vertragsfristen. Die von A gewünschten Ausführungsfristen sind somit nicht Vertragsbestandteil geworden. Will ein Auftraggeber also Fristen zum Vertragsbestandteil machen, bedarf es entweder einer ausdrücklichen Erwähnung im Vertrag bzw. Angebot (und zwar auch als „Vertragsfrist") oder – wie hier – einer Einwilligung (Vertragsänderung) im Nachhinein. Da kein Vertrag zustande gekommen ist, hat A auch keinen Anspruch auf Schadensersatzanspruch.

Einem Auftraggeber ist zu raten, schon im Ausschreibungstext – und nicht erst im Auftragsschreiben – eine Regelung über die Ausführungstermine zu treffen. Ist ihm das zur Zeit der Ausschreibung noch nicht möglich, kann er zumindest festlegen, innerhalb welcher Frist der Auftragnehmer nach Aufforderung mit der Ausführung zu beginnen und in welcher Zeit er die Leistung zu erbringen bzw. fertig zu stellen hat.

## 2.1.5     Kaufmännisches Bestätigungsschreiben

**Schreiben müssen unverzüglich geprüft und ggf. erwidert werden**

Während die „Auftragsbestätigung" keinen Vertragsschluss bewirkt und ein Schweigen hierauf grundsätzlich keine Rechtsfolgen auslöst, kann dies dann anders sein, wenn die Grundsätze eines kaufmännischen Bestätigungsschreibens vorliegen. Das Schweigen auf ein kaufmännisches Bestätigungsschreiben eines Vertragspartners kann nämlich durchaus Zustimmung bedeuten.

Um ein kaufmännisches Bestätigungsschreiben handelt es sich jedoch nur dann, wenn

- auf vorausgegangene Verhandlungen Bezug genommen wird,
- der Inhalt dieser Verhandlung zeitnah bestätigt wird,
- der Inhalt richtig ist und
- der Empfänger eines solchen kaufmännischen Bestätigungsschreibens Kaufmann ist.

Liegen diese Voraussetzungen vor, so gilt der Inhalt dieses Schreibens als richtig, es sei denn,

- der Empfänger widerspricht unverzüglich[24] oder
- der Inhalt des Bestätigungsschreibens weicht so erheblich von dem Inhalt des Besprochenen ab, dass der Bestätigende mit einer Billigung vernünftigerweise nicht mehr rechnen kann.

### Kaufmännisches Bestätigungsschreiben

Auftraggeber A und Bauunternehmer P haben sich bezüglich der geänderten Positionen geeinigt. Es wird so ausgeführt, wie A es wollte. Seit der ersten gemeinsamen Baubesprechung erhält A von P jeweils Protokolle von Besprechungen. Über diesen „Service" freut sich A und heftet diese in seinen Unterlagen ab.

Im weiteren Verlauf der Arbeiten bemerkt A, dass P die beiden Positionen, über die bei Vertragsschluss Einigkeit bestand, wider Erwarten doch anders ausgeführt hat.

A spricht P darauf hin an. P verweist auf das dem A eine Woche zuvor zugestellte Besprechungsprotokoll, in dem diese Punkte – diesem Protokoll zufolge – so besprochen worden waren.

Kann A verlangen, dass die Leistungen nach der Leistungsbeschreibung im Vertrag ausgeführt werden?

Hier greifen die Grundsätze eines kaufmännischen Bestätigungsschreibens ein. Grundsätzlich müssen eingehende Schriftstücke deshalb **unmittelbar** nach Zugang **geprüft** und diesen gegebenenfalls in unklaren oder nicht dem ursprünglich vereinbarten Wortlaut entsprechenden Punkten widersprochen werden.

Ein Widerspruch ist nur dann entbehrlich wenn:

- der Absender die Vereinbarung(en) bewusst unrichtig oder entstellt wiedergibt (was zu beweisen wäre!) oder
- Abweichungen von dem mündlich Verhandelten vorliegen und mit der Zustimmung des Empfängers nicht zu rechnen ist (Vereinbarungen wider der Vernunft).

---

[24] Als unverzüglich wird in der Regel eine Reaktion innerhalb von 1 bis 2 Tagen angesehen, eine Frist von einer Woche wurde vom BGH bereits als verspätet bezeichnet (BGH, Urteil vom 11.10.1961 – VIII ZR 109/60, NJW 1962, 104).

Einem inhaltlich unrichtigen Schreiben, das als kaufmännisches Bestätigungsschreiben gewertet werden könnte, sollte unverzüglich, d.h. innerhalb von 1 bis 2 Werktagen widersprochen werden.

## 2.1.6   Vertretung und Vollmacht

Die Vertragsparteien geben Willenserklärungen häufig nicht selbst ab, sondern durch ihren Vertreter. Bestimmte Personen – z.B. Juristische Personen (z.B. GmbHs) – können Willenserklärungen nicht persönlich, sondern nur durch ihre – in diesem Fall gesetzlichen – Vertreter abgeben. Der Vertreter gibt zwar eine eigene Willenserklärung (Angebot- oder Annahmeerklärung) ab; die Folgen der Willenserklärung treffen jedoch nicht den Vertreter, sondern den Vertretenen (§ 164 Abs. 1 BGB).

Um als Vertreter wirksam Erklärungen für und gegen den Vertretenen abgeben zu können, benötigt dieser eine entsprechende Vollmacht. *Rechtsgrund* für die Erteilung einer Vollmacht ist dabei in aller Regel ein zivilrechtliches Rechtsgeschäft, häufig ein entsprechender Auftrag oder z.B. auch ein Architektenvertrag.

Vollmachts-Formen

Die wichtigsten Vollmachts-Formen sind:

- die rechtsgeschäftlich erteilte Vollmacht (§ 167 BGB),
- die konkludent erteilte Vollmacht sowie
- die Duldungs- und Anscheinsvollmacht.

Der Architekt als Vertreter des Bauherrn

Ein mit der Vollarchitektur (Leistungsphasen 1–9 des § 15 Abs. 2 HOAI) beauftragter Architekt besitzt – entgegen einer weit verbreiteten Meinung – keine umfassende „originäre" bzw. aus der Beauftragung als Architektenvertrag resultierende Vollmacht zur Vertretung des Bauherrn. Eine aus der Architekteneigenschaft resultierende Vollmacht berechtigt den Architekten allenfalls, solche Handlungen vorzunehmen, die ihre Grundlage in den Leistungen nach § 15 HOAI haben, insbesondere die Genehmigung von Ausführungsunterlagen, Weisungen im technischen Bereich, Prüfung und Anerkennung von Stundenlohnzetteln und Aufmaßen, technische Abnahme, Mängelrügen[25] sowie zur Rechnungsprüfung.

Der Architekt ist hingegen ohne entsprechende Vollmacht *nicht* dazu berechtigt, den Bauherrn im rechtsgeschäftlichen Bereich zu vertreten, insbesondere Nachaufträge zu vergeben, Anerkenntniserklärungen im Rechtssinne abzugeben sowie rechtsgeschäftliche Abnahmen durchzuführen. Auch ist die „Vollmacht" eines Bauleiters oder Architekten, Stundenlohnnachweise abzu-

---

[25]   OLG Bamberg, Urteil vom 16.01.2007 – 21 0 178/05, IBR 2007, 547.

zeichnen, nicht als Vollmacht zum Abschluss einer Stundenlohnvereinbarung zu verstehen.[26]

### Vollmacht von Architekten, Bauleitern und anderen Beteiligten

Auftraggeber A hat Bauunternehmer P beauftragt ein Mehrfamilienhaus zu errichten. Auf Seiten des A kümmert sich Architekt H um die vertragsmäßige Ausführung der Leistungen. H gibt P mehrfach Zusatzaufträge über besonders hochwertige Ausführungsleistungen. P stellt A diese Leistungen als nachträglich bestellte Leistungen in Rechnung. A bezahlt diese Rechnungen. Erst als P auf Anweisung von H vergoldete Türklinken einbaut, verweigert A die Zahlung.

A behauptet, H dürfe ihn bei solchen Verträgen nicht vertreten.

Kann der A mit diesem Argument die Zahlung verweigern?

Nein. Dort, wo das Portemonnaie des Bauherrn beginnt, endet (spätestens) die Vollmacht des Architekten, es sei denn, der Bauherr hat ihn ausdrücklich hierzu ermächtigt, was hier jedoch nicht der Fall war. Nur bei Weisungen und Aufträgen von untergeordneter Bedeutung sind Architekten in der Regel berechtigt, im Namen des Auftraggebers zu handeln:

* Rügen von Mängeln
* Anweisungen im Sinne des § 4 Abs. 1 Nr. 3 VOB/B (Anordnungen zur vertragsmäßigen Ausführung der Leistung)
* Prüfen der Schlussrechnung
* Entgegennehmen von geleisteter Arbeit
* Entgegennehmen von Erklärungen des Auftragnehmers

Auch bei Bedenken- und Behinderungsanzeigen ist der Auftragnehmer besser beraten, spätestens nach Ablehnung durch den Architekten, diese dem Auftraggeber persönlich zukommen zu lassen.

Wozu Architekten und Bauleiter ohne gesonderte Vollmacht **nicht berechtigt** sind:

* Erklärung der Abnahme
* Anerkennen einer Schlussrechnung
* Verschieben von Fertigstellungsterminen
* Erteilen von Zusatzaufträgen an Sonderfachleute

---

[26] BGH, Urteil vom 24.07.2003, – VII ZR 79/02, IBR 2003, 592; OLG Frankfurt, Urteil vom 05.12.2006, 5 U 70/06; OLG Dresden, Urteil vom 06.12.2005 – 14 U 1523/05, IBR 2007, 467.

Soll der Architekt also weiter gehende Vollmachten erhalten, muss dieser hierzu ausdrücklich bzw. zusätzlich bevollmächtigt werden. Eine Architektenvollmacht ist im Zweifel eng auszulegen.[27] Selbst die Bezeichnung des Architekten als „bevollmächtigter Vertreter" führt noch nicht zu einer umfassenden Bevollmächtigung. Auch in diesem Falle ist vielmehr nur eine eingeschränkte Vollmacht in dem hier dargestellten Sinne, d.h. beschränkt auf technische Anordnungen und Aufgaben im Rahmen der Architektenleistungen anzunehmen.

### Konkludent erteilte Vollmacht des Architekten

Erteilt jedoch der Architekt einen Bauauftrag in Gegenwart seines Bauherrn, lässt sich aus der Tatsache, dass der Bauherr bei Auftragserteilung dabeisteht und nicht einschreitet, auf eine stillschweigend (konkludent) erteilte Vollmacht schließen.

Anscheinsvollmacht

Von einer Anscheinsvollmacht spricht man, wenn der Vertretene (z.B. Bauherr) den Rechtsschein einer Bevollmächtigung schuldhaft (vorsätzlich oder fahrlässig) gesetzt hat, tatsächlich jedoch keine Vollmacht vorliegt. Die Grundsätze einer Anscheinsvollmacht sind jedoch nur dann anwendbar, wenn es sich um ein Handeln von einer gewissen Dauer und Häufigkeit handelt, und zwar in einer Weise, dass der Vertragspartner annehmen durfte, der Vertretene kenne und dulde das Handeln des Vertreters.[28] In aller Regel setzt dies voraus, dass der Vertragspartner diejenigen Tatsachen kennt, aus denen sich der Rechtsschein der Bevollmächtigung ergibt. Ein erstmaliger Vorgang ist deshalb regelmäßig nicht geeignet, den Rechtsschein einer Bevollmächtigung zu erzeugen. [29]

### Anscheinsvollmacht

Weil zu wenig zu schreiben ist, beginnt die Sekretärin S von Bauunternehmer P eigenverantwortlich das Materiallager zu führen. S bestellt mehrfach bei Zulieferer Z Steine und Mörtel. Die Buchhaltung von P bezahlt die Rechnungen von Z anstandslos. Eines Tages ist der Geschäftsführer K von P im Lager anwesend, als Z wieder Steine anliefert. K verweigert die Annahme, weil er Produkte der Firma Y besser findet. K habe auch nichts bei Z bestellt.

Z verweist auf die Bestellung der S und besteht darauf, die Steine zu liefern. K ist der Meinung, das S gar nicht befugt sei, P zu vertreten und er somit auch die Steine nicht annehmen muss.

Muss P die Lieferung annehmen und bezahlen?

---

[27]   BGH, Urteil vom 10.11.1977 – VII ZR 252/75, BauR 1978, 139.

[28]   BGH, Urteil vom 24.06.1999, VII ZR 120/98, IBR 1999, 477 und BGH, Urteil vom 02.12.1982, VII ZR 63/82, BauR 1983, 165 ff; BGH, BGHZ 5, 111.

[29]   BGH, Urteil vom 10.01.2007 – VIII ZR 380/04, NJW 2007, 987.

Ja, denn da die von S bestellten Güter stets bezahlt wurden, konnte Z auf eine Bevollmächtigung von S vertrauen. K kann sich nicht darauf berufen, dass S keine Vollmacht hat. K hätte den Vertrauenstatbestand kennen können.

### Wieder Anscheinsvollmacht

Die Sekretärin S bestellt bei Z Baumaterialien. Bei der ersten Lieferung durch Z ist K im Lager anwesend. K verweigert die Annahme, da er nichts bei Z bestellt habe.

Z verweist auf die Bestellung der S und besteht darauf die Steine zu liefern. K ist der Meinung, das S gar nicht befugt sei P zu vertreten und er somit auch die Steine nicht annehmen muss.

Muss P die Lieferung annehmen und bezahlen?

Welche Konsequenzen können für S entstehen?

Nein, da es die erste Lieferung ist, wurde durch P noch kein Vertrauenstatbestand geschaffen, auf den Z vertrauen könnte. Somit kann Z keine Bezahlung von P verlangen.

S haftet gegenüber Z für den von ihr eingegangenen Vertrag und muss ggf. die Lieferung bezahlen, § 179 BGB.

Demgegenüber besteht eine Duldungsvollmacht, wenn der Vertretene – in der Regel der Bauherr bzw. Auftraggeber – weiß, dass der Vertreter (z.B. Architekt) für ihn ohne oder unter Überschreitung der Vollmacht handelt, er aber nichts dagegen unternimmt und der Vertragspartner deshalb auf eine entsprechende Vollmacht vertraut.[30]     *Duldungsvollmacht*

### Duldungsvollmacht des Architekten

Hat ein Architekt zwar keine Vollmacht zum Abschluss von Bauverträgen, schließt jedoch regelmäßig die Bauverträge ab, die dem Bauherrn dann zugesandt und von diesem nicht beanstandet werden, liegt darin in aller Regel eine Duldungsvollmacht.

Eine Duldungsvollmacht ergibt sich aus einem **tatsächlichen Verhalten**. Der Unterschied zur Anscheinsvollmacht (s. o.) liegt in der **Kenntnis des Vertrauenstatbestandes** auf Seiten des Vertretenen. Voraussetzungen für eine Duldungsvollmacht sind:

---

[30] OLG Düsseldorf, Urteil vom 09.12.2003, 23 U 220/02; BGH, Beschluss vom 12.05.2005, VII ZR 4/04 (Nichtzulassungsbeschwerde zurückgewiesen), IBR 2005, 416.

1. Schaffung eines Vertrauenstatbestandes auf Seiten des Vertretenen (bei pflichtgemäßer Anwendung der Duldungsvollmacht <u>kennt</u> der Vertretene diesen Tatbestand auch) und

2. Vertrauen hierauf auf Seiten des Geschäftspartners. Für den gutgläubigen Zulieferer im o.g. Beispiel spielt diese Unterscheidung jedoch keine Rolle.

*Fortwirkende Vollmacht*

Schließlich gibt es noch die fortwirkende Vollmacht, bei der ein Dritter Kenntnis von der Vollmacht erlangt bzw. der Bevollmächtigte sich durch Vorlage einer Urkunde ausgewiesen hat. In diesem Fall gilt die Vollmacht solange, bis dem Dritten ein Widerruf oder eine Beschränkung der Vollmacht angezeigt oder die Vollmachtsurkunde zurückgezogen wird (§§ 170–173 BGB).

### Haftung des Vertreters ohne Vertretungsmacht

Architekt H gibt Unternehmer P einen Zusatzauftrag über besonders hochwertigen Bodenbelag (Marmor). P stellt Auftraggeber A diese Leistungen als nachträglich bestellte Leistungen in Rechnung. A bezahlt diese Rechnung nicht.

A behauptet, H dürfe ihn bei solchen Verträgen nicht vertreten.

1. Kann der A mit diesem Argument die Zahlung verweigern?
2. Wenn ja, gibt es andere Möglichkeiten für P die Leistung vergütet zu bekommen?

*Haftung des Vortreters ohne Vertretungsmacht*

Die Verweigerung durch A ist rechtens. H hat keine Vollmacht von A erhalten, und P durfte nicht auf einen Vertrauenstatbestand auf Seiten des Vertretenen vertrauen. P müsste deshalb Schadenersatz gegenüber H als Vertreter ohne Vertretungsmacht geltend machen (§ 179 BGB). Ist allerdings nachgewiesen, dass P von der fehlenden Vollmacht Kenntnis hatte (oder es wissen <u>musste</u>), so hat er keine Ansprüche.

*Zusatzaufträge*

### Änderungs- und Zusatzleistungen

Das Unternehmen P hat der Firma K den Auftrag erteilt, die Rohbauarbeiten zu einer neuen Gewerbehalle auszuführen.

In den Vertragsbedingungen heißt es:

„Änderungs- und Zusatzleistungen können nur schriftlich durch den Auftraggeber beauftragt werden."

Die Auftragssumme beträgt 650.000,- Euro. Während des Bauablaufs stellt sich heraus, dass einige zusätzliche Wände, die im ursprünglichen LV nicht erfasst sind, errichtet werden müssen.

Damit sind Zusatzkosten in Höhe von 12.000,- Euro verbunden. Da es sich – wie häufig – um eine Terminbaustelle handelt, erteilt der bauleitende Architekt diesen Zusatzauftrag, und die Arbeiten werden sofort von der K ausgeführt.

Der Auftraggeber weigert sich später, diese Zusatzkosten zu zahlen.

Wer muss zahlen?

Der bauleitende Architekt ist grundsätzlich nicht berechtigt, Zusatzaufträge zu erteilen (s. o.). Der Vertrag schließt zudem die Erteilung von Änderungs- und Nachtragsaufträgen durch den Architekten generell und ausdrücklich aus. Die Erteilung solcher Zusatzaufträge ist dem Auftraggeber vorbehalten. Deshalb war der **Architekt nicht bevollmächtigt**, die Zusatzarbeiten zu beauftragen. Der Auftraggeber kann deshalb nicht auf Werklohn in Anspruch genommen werden. Gegenüber dem Architekten kommt hingegen ein Anspruch nach § 179 BGB (Haftung des Vertreters ohne Vertretungsmacht) in Betracht, weil dieser ohne Vollmacht die Arbeiten beauftragt hat. Dieser Anspruch scheitert jedoch, wenn der Auftragnehmer z.B. aus den Vertragsbedingungen die fehlende Vollmacht des Architekten kannte. Die Firma K hat demzufolge kein Anspruch auf Vergütung für die zusätzlich „beauftragte" Leistung.[31]

# 2.2 Vertragsauslegung

## 2.2.1 Erfolg und Leistungssoll

Bei der Vertragsauslegung ist zu unterscheiden zwischen dem vertraglich geschuldeten **Erfolg** und dem vertraglich vereinbarten **Leistungssoll**. Der vertraglich geschuldete Erfolg besteht grundsätzlich darin, ein funktionstaugliches und zweckentsprechendes Werk herzustellen. Dieser Erfolg ist zu unterscheiden vom Leistungssoll, das als Äquivalent für die geschuldete Vergütung verlangt werden kann.[32] Der Unternehmer schuldet somit zwar den Erfolg; dies bedeutet jedoch nicht zugleich, dass er diesen in jedem Fall ohne eine veränderte Vergütung auszuführen hat.

---

[31] Vgl. auch OLG Düsseldorf, Urteil vom 08.05.1984 – 23 U 190/83, BauR 1985, 339, 340.

[32] Vgl. Motzke, NZBau 2002, 641 f.

## 2.2.2    Auslegung des gesamten Vertragswerks

Der Leistungsinhalt des Werkvertrages ergibt sich aus dem gesamten Ver-
tragswerk einschließlich der Vorbemerkungen der Leistungsbeschreibung und
der in Bezug genommenen Pläne. Leistungsinhalte können auch in Allgemeinen Geschäftsbedingungen geregelt sein, insbesondere in zusätzlichen, allgemeinen oder besonderen technischen Vertragsbedingungen (vgl. § 1 Abs. 2
Nr. 4 und 5 VOB/B). Dazu gehören beim VOB-Vertrag gemäß § 1 Abs. 1
VOB/B die Allgemeinen Technischen Vertragsbedingungen für Bauleistungen
(ATV). Deren Regelungen sind bei der Auslegung des Vertrages zu berücksichtigen.[33]

Allgemeinen Technischen Vertragsbedingungen für Bauleistungen

Jeweils im Abschnitt 4 (allgemeine Regelung in DIN 18299, Abschnitt 4) enthalten diese ATV Regelungen zur Vergütung von Neben- und Besonderen
Leistungen. Im Abschnitt 5 enthalten sie Regelungen zur Abrechnung. Diese
Regelungen sind Allgemeine Geschäftsbedingungen. Für sie gelten die für
Allgemeine Geschäftsbedingungen entwickelten Auslegungsgrundsätze.[34] ATV
sind demzufolge nach dem Verständnis des jeweiligen Verkehrskreises auszulegen. Werden sie in einem Vertrag zwischen Bauunternehmern verwandt,
kommt es auf das im Baugewerbe maßgebliche Verständnis an. Werden sie
gegenüber Verbrauchern im Sinne des § 13 BGB verwandt, kommt es auf das
Verständnis eines objektiven, redlich denkenden Verbrauchers an.

Der Besteller kann redlicherweise erwarten, dass das Werk zum Zeitpunkt der
Fertigstellung und Abnahme diejenigen Qualitäts- und Komfortstandards erfüllt, die auch vergleichbare andere zeitgleich abgenommene Bauwerke erfül-
len. Der Unternehmer verspricht üblicherweise stillschweigend bei Vertragsschluss die Einhaltung diesen Standards.[35] Im Zweifel gilt diese Auslegungsre-
gel nicht nur für die Frage, ob eine mangelhafte Leistung vorliegt, sondern
auch für die Frage, welche Leistung mit den vertraglich vereinbarten Preisen
abgegolten ist. Das gilt aber nur im Zweifel, der insbesondere dann auftreten
kann, wenn eine Leistung funktional beschrieben ist und nicht deutlich genug
hervortritt, dass einzelne Elemente des Leistungsbeschriebs den dargestellten
Grundsatz beschränken sollen.

---

[33]   BGH, Urteil vom 28.02.2002 – VII ZR 376/00 (Randkappen),  IBR 2002, 231; Urteil vom
       27.07.2006 – VII ZR 202/04, NJW 2006, 3413.

[34]   BGH, Urteil vom 17.06.2004 – VII ZR 75/03, BauR 2004, 1438.

[35]   BGH, Urt. v. 14.05.1998 – VII ZR 184/97 (Luftschallschutz), BGHZ 139, 16 = BauR 1998,
       872.

## 2.2.3 Widersprüche und Rangfolgenregelung

Die VOB/B kennt – anders als das BGB – eine Widerspruchsregelung mit der Rangfolgenbestimmung in § 1 Abs. 2 VOB/B. Einen Vorrang innerhalb der Leistungsbeschreibung gibt es jedoch weder im VOB- noch im BGB-Vertrag noch im BGB-Vertrag. Es gilt jedoch der Grundsatz, dass im Zweifel dasjenige gewollt, was detailliert beschrieben ist. Denn es ist in aller Regel davon auszugehen, dass die detaillierte Beschreibung eine allgemeine Beschreibung an anderer Stelle ersetzen soll.[36] Ist die Leistung z.B. in einer Vorbemerkung zu einer Leistungsbeschreibung detailliert beschrieben, kann sich die Auslegung der folgenden Leistungspositionen bei Unklarheiten an dieser Beschreibung zu orientieren haben.[37] Einen allgemeinen Grundsatz, wonach bei individuellen Vereinbarungen Widersprüche zu Lasten des Ausschreibenden gehen, gibt es nicht. Lassen sich Widersprüche nicht durch allgemeine Auslegungsregeln auflösen, kommt auch ein Dissens mit der Folge in Betracht, dass der Vertrag ganz oder teilweise nichtig ist.[38]

# 2.3    Die Vergütung

Neben Gewährleistungsfragen ist in baurechtlichen Auseinandersetzungen oft auch die Berechtigung der Höhe der dem Unternehmer zustehenden Vergütung heftig umstritten. Grund dafür ist oftmals die Tatsache, dass die Vertragsparteien bei der Abfassung des zugrunde liegenden Bauvertrages wenig Wert auf eine eindeutige Regelung der vom Bauherrn geschuldeten Vergütung gelegt haben. Solche Konflikte können vermieden werden, wenn bei den Vertragsparteien spätestens zum Vertragsschluss Einigkeit über Art und Umfang des vom Auftraggeber geschuldeten Werklohnes besteht.

## 2.3.1    Die Bedeutung der Vertragskalkulation

Die dem Vertragspreis zu Grunde liegenden Strukturen und Werte werden auf Basis der Ausschreibungsunterlagen sowie dem Ergebnis der Vertragsverhandlungen gebildet und beinhalten sowohl die ermittelten Kostenelemente als auch die dazugehörige Kalkulationsmethode.[39]

---

[36]  Vgl. BGH, Urteil vom 05.12.2002 – VII ZR 342/01, BauR 2003, 388.

[37]  BGH, Urteil vom 11.03.1999 – VII ZR 179/98, BauR 1999, 897.

[38]  Vgl. Althaus, IBR 2007, 234.

[39]  Kapellmann KD, Messerschmidt B (2003) VOB Teile A und B, Beck'sche Kurz-Kommentare. C.H. Beck, München, S. 652.

Diese, dem Vertrag zu Grunde liegende Kalkulation (Urkalkulation), ist ggf. als Basis für die Bemessung veränderter Preise (Nachtragsforderungen) heranzuziehen (s. Kapitel 2.3.4). Aus diesem Grund kommt dem Hinterlegen der Vertragskalkulation auf Grundlage einer vertraglichen Vereinbarung für beide Vertragsparteien besonderer Bedeutung zu.

Macht beispielsweise der Auftragnehmer einen erhöhten Einheitspreis geltend, so muss er im Streitfall die Urkalkulation offen legen.[40] Wird die ursprüngliche Kalkulation nicht offengelegt und ist auch eine Schätzung dieser Kalkulation nicht möglich, wird das Erhöhungsbegehren des Auftragnehmers als unbegründet angesehen.[41]

Wenn der Auftraggeber hingegen einen niedrigeren Einheitspreis geltend macht, so muss er dies ebenfalls auf der Grundlage der Urkalkulation tun. Dies ist unproblematisch sofern der Auftragnehmer die Urkalkulation beim Auftraggeber hinterlegt hat und diese im Streitfall in Anwesenheit beider Vertragspartner geöffnet wird. Andernfalls ist der Auftragnehmer aus dem Kooperationsgebot verpflichtet, die Urkalkulation vorzulegen.[42]

## 2.3.2    Die vereinbarte Vergütung

Der Besteller, ist auf Grund des abgeschlossenen Vertrages verpflichtet, die vereinbarte Vergütung (Werklohn) an den Unternehmer zu zahlen. Welche Vergütung der Besteller zu zahlen hat richtet sich in erster Linie nach der getroffenen Vereinbarung. Zu beachten ist, dass gemäß § 632 Abs. 1 BGB eine Vergütung als stillschweigend vereinbart gilt, wenn die Herstellung des Werkes den Umständen nach nur gegen eine Vergütung zu erwarten ist.

Im Rahmen eines Bauvertrages i.S. der VOB/B gilt es festzulegen, nach welcher Art die Vergütung des Auftragnehmers bemessen werden soll. Hier stehen in der Regel der Einheitspreis- oder der Pauschalvertrag als Leistungsverträge, der Stundenlohn- und der Selbstkostenerstattungsvertrag zur Disposition.

## 2.3.3    Vertragstypen nach VOB/B

Aufgrund des Prinzips der Vertragsfreiheit gibt es weder einheitliche noch verbindliche Regelungen bei der Erstellung von Bauverträgen. Deshalb muss sich ein Unternehmer, der Preise für Bauleistungen ermittelt, in der Praxis mit

---

[40]  BGH, NJW 1999,2432; OLG Nürnberg, BauR 2001, 409.

[41]  OLG München, BauR 1993,726; OLG Schleswig, BauR 1996, 266; OLG Bamberg, NZBau 2004, 100.

[42]  Kniffka, ibr-online-Kommentar, Bauvertragsrecht, § 638 BGB, RZ 269.

ganz unterschiedlichen Beschreibungen und Rahmenbedingungen der ange-fragten Leistungen auseinandersetzen. Die richtige Wahl des Vertragstyps ist insbesondere wegen des damit verbundenen Risikos einer Abweichung von Aufwand (Kosten) und Vergütung von großer Bedeutung, und zwar für beide Seiten.

Für die Erstellung von Bauleistungen sieht die VOB/B drei verschiedene Ver-tragstypen vor. Diese werden in den nachfolgenden Abschnitten erläutert. Die Definition der unterschiedlichen Vertragstypen in der VOB/B bedeutet nicht, dass ein Bauvertrag ausschließlich einem Vertragstyp entsprechen muss bzw. entspricht. Mischformen gibt es häufig.

Im Wesentlichen werden die nachfolgenden Vergütungsarten von Bauverträgen unterschieden:

```
                        VOB-Vertragstypen

     Leistungsvertrag        Stundenlohnvertrag    Selbstkostenerstattungsvertrag

 Einheitspreis-  Pauschal-   Nur bei Bauleistungen   Bauleistungen nicht eindeutig
 vertrag         vertrag     geringen Umfangs        bestimmbar, Abrechnung nach
                             zulässig.               entstandenen Kosten zzgl.
                                                     Gewinnzuschlag
```

*Abbildung 2-1: Vertragstypen nach VOB/B[43]*

Diese Vergütungsformen können bei Vergaben außerhalb des Anwendungsbe-reichs der VOB/A unabhängig von deren Maßstäben frei vereinbart werden. Der Bieter sollte sich in einem solchen Fall jedoch der besonderen Risiken eines jeden Vertragstyps bewusst sein.[44]

Da bei den meisten Bauvorhaben bei Vertragsabschluss der Leistungsumfang nicht eindeutig und detailliert genug beschrieben werden kann oder wegen nicht vorherzusehender Schwierigkeiten während der Baudurchführung nicht bekannt ist, wird in der Regel der Einheitspreisvertrag (EP-Vertrag) abge-schlossen.

*Der Einheitspreisvertrag*

---

[43] Malkwitz A./Karl, C./Jaron, R.: Öffentliche Bauaufträge; München: Oldenbourg; 2009; S. 24.

[44] Vgl. Plümecke: Preisermittlung für Bauarbeiten; 25. überarbeitete und erweiterte Auflage; Köln: Verlagsgesellschaft Rudolf Müller GmbH & Co. KG, 2004, S. 21.

*„Aber auch in Fällen einer bereits vor Baubeginn abgeschlossenen Pla-
nung empfiehlt sich der Einheitspreisvertrag, wenn sich der Auftraggeber
ein größtmögliches Maß an Einflussnahme und Steuerungsmöglichkeiten
vorbehalten möchte.“*[45]

Im § 4 Abs. 1 VOB/A wird festgelegt, dass Bauleistungen in der Regel zu Einheitspreisen für technische und wirtschaftliche Teilleistungen zu vergeben sind,
deren Menge nach Maß, Gewicht oder Stückzahl angegeben werden können. Die
Leistungsbeschreibungspflicht liegt bei einem EP-Vertrag grundsätzlich bei dem
Besteller. Es wird davon ausgegangen, dass dieser in der Regel ein Leistungsverzeichnis (LV) mit in sich technisch abgrenzbaren Teilleistungen erstellt.

Die tatsächlich ausgeführten Mengen werden später aufgemessen und die
Leistung als Menge multipliziert mit dem festgelegten Einheitspreis vergütet.
Ausschreibungsmengen sind möglichst sorgfältig für die Ausschreibung zu
ermitteln. Falls die Planung nicht so präzise ist, dass die Mengen mit ausrei-
chender Genauigkeit ermittelt werden können, besteht die Gefahr, dass die
Preise nach § 2 Abs. 3 VOB/B angepasst werden müssen.[46] Bei Preisabwei-
chungen von mehr als 10% besteht die Möglichkeit, Preise mit Hilfe eines
Nachtragsverfahrens anzupassen.

**Preisermittlung für den
Anbieter relativ einfach**

Der Einheitspreisvertrag zeichnet sich dadurch aus, dass die Preisermittlung für
den Anbieter relativ einfach durchzuführen ist und der zeitliche sowie finanzielle
Aufwand zur Erstellung eines Angebots im Vergleich zu einem pauschalierten
Vertrag deutlich niedriger ist. Für den Bauherrn hingegen erhöht sich der Aufwand
im Vergleich zu einer funktionalen Ausschreibung, da alle Leistungen differenziert
zu beschreiben sind. Somit sollte eine Ausschreibung für einen Einheitspreisvertrag am Besten erst dann erstellt werden, wenn die Planung so weit fortgeschritten
ist, dass mit ausreichender Sicherheit die Teilleistungen beschrieben werden können. Dem EP-Vertrag liegt die Planung des Bauherrn zu Grunde.

Zum Einheitspreisvertrag gibt es eine hohe Rechtssicherheit, da die VOB auf
diesen Vertragstyp besonders ausgerichtet ist. Die Rechtsmeinung ist durch
zahlreiche Urteile der Oberlandesgerichte und des Bundesgerichtshofs gesichert. Der Bauherr trägt das Risiko, Leistungen bei der Ausschreibung zu vergessen. Generell kann festgestellt werden, dass mit EP-Verträgen die Risiken
von Bauherr und Bauunternehmer ausgewogen verteilt sind.[47]

---

[45]  Siehe Keil W./Martinsen U./Vahland R./Fricke J.: Einführung in die Kostenrechnung für
Bauingenieure; 9., neu bearbeitete und erweiterte Auflage; Düsseldorf: Werner Verlag, 2001,
S. 45.

[46]  Vgl. Deutsches Institut für Normung e. V. (DIN) (Hrsg.): im Auftrage des Deutschen Verdin-
gungsausschusses für Bauleistungen (DVA); VOB aktuell; Ausgabe 3/95, S. 50.

[47]  Vgl. Schach R./Sperling W.: Baukosten – Kostensteuerung in Planung und Ausführung; Berlin Heidelberg: Springer Verlag, 2001, S. 89 f.

In den letzten Jahren ist festzustellen, dass besonders private Auftraggeber im Rahmen von schlüsselfertigen Vergaben zunehmend zu Pauschalverträgen tendieren. Bei einem Pauschalvertrag werden keine Einheitspreise für Teilleistungen vereinbart, sondern eine Angebotsendsumme als Festpreis für die Durchführung des Bauvorhabens vertraglich festgelegt.[48] Die Vergütung bleibt auch bei Mengenabweichungen, soweit es sich um nicht so erhebliche Abweichungen handelt, dass ein Festhalten an der Pauschalsumme nicht zumutbar ist, gemäß § 2 Abs. 7 Nr. 1 VOB/B unverändert. Deshalb kommt der Bestimmung der auszuführenden Mengen eine besondere Bedeutung zu. Fehler bei der Mengenermittlung kommen dann vor, wenn die Mengen-/Massenermittlung nicht mehr mit der notwendigen Sorgfalt und Gewissenhaftigkeit durchgeführt wird.[49] Der Abschluss eines Pauschalvertrags sollte daher auf die Fälle beschränkt sein, in denen zum Zeitpunkt der Vergabe Umfang und Ausführungsart der geforderten Bauleistung genau bestimmt sind und mit Änderungen während der Bauausführung nicht zu rechnen ist.[50] Die Vorteile dieser Bauvertragsform liegen in der vereinfachten Abwicklung des Bauvorhabens in Bezug auf die Abrechnung. Von Nachteil ist jedoch das im Vergleich zum Einheitspreisvertrag höhere Risiko für den Auftragnehmer, da dieser in der Regel das Risiko für die korrekte Massenermittlung im Vorfeld der Bauausführung übernehmen muss. Der Bieter muss sich diesem Wagnis vor Abschluss des Bauvertrags besonders bewusst sein.[51]

Der Pauschalpreisvertrag

Der Bauherr erreicht mit einem Pauschalpreisvertrag in weitem Maße eine Verlagerung seines Kosten- und Terminrisikos auf den Generalunter- oder -übernehmer. Es muss jedoch darauf hingewiesen werden, dass dennoch nicht unbeträchtliche Pflichten beim Auftraggeber verbleiben. Dies bezieht sich insbesondere auf die Erlangung von notwendigen öffentlichen Genehmigungen und auf die rechtzeitige Freigabe von Plänen.

Im Gegensatz zum EP-Vertrag liegt das Mengenrisiko wie erwähnt beim Pauschalvertrag beim Auftragnehmer. Das Baugrundrisiko jedoch bleibt beim Auftraggeber. Dies fordert auch bei dieser Vertragsform eine außerordentliche Sorgfalt bei der Beschreibung des Baugrundes vom Auftraggeber.

Mengenrisiko beim Auftragnehmer

Häufig wird davon ausgegangen, dass die pauschale Vergabe teurer ist als eine Vergabe über Einheitspreisverträge. Begründet wird dies mit der Annahme, dass der Unternehmer für die Übernahme der Risiken Zuschläge einrechnen

---

[48] Vgl. Plümecke: Preisermittlung für Bauarbeiten; 25. überarbeitete und erweiterte Auflage; Köln: Verlagsgesellschaft Rudolf Müller GmbH & Co. KG, 2004, S. 20.

[49] Vgl. Drees G./Paul W.: Kalkulation von Baupreisen; 9. erweiterte und aktualisierte Auflage; Wiesbaden und Berlin: Bauwerk, 2006, S. 34.

[50] Vgl. § 5 Nr. 1 b VOB/A.

[51] Vgl. Plümecke: Preisermittlung für Bauarbeiten; 25. überarbeitete und erweiterte Auflage; Köln: Verlagsgesellschaft Rudolf Müller GmbH & Co. KG, 2004, S. 20.

muss. Generalunternehmer haben sich andererseits aber auch ein spezielles Know-how angeeignet, um diese Risiken minimieren zu können.

**Der Stundenlohnvertrag**

Bei einem Stundenlohnvertrag bemisst sich die Vergütung nach den angefallenen Lohnstunden des jeweiligen Auftragnehmers. Diese Vergütungsart sollte man nach § 4 Abs. 2 VOB/A daher auf „Bauleistungen geringen Umfangs, die überwiegend Lohnkosten verursachen" beschränken. Der später abzurechnende Stundenverrechnungssatz wird hierbei im Vorfeld zwischen den Vertragspartnern festgelegt.

**Stundenlohnvertrag überwiegend bei Reparaturaufträgen**

Der Stundenlohnvertrag an sich, wird überwiegend bei Reparaturaufträgen angewendet. Häufig kann für solche Arbeiten auch der zeitliche Aufwand recht gut abgeschätzt oder begrenzt werden. Außerdem kommen Stundenlohnverträge zur Anwendung, falls eine Beschreibung der Leistung nur bedingt oder nicht möglich ist. Dieser Fall tritt häufig bei umfangreichen Reparatur- oder Sanierungsarbeiten auf. Dann ist meist eine detaillierte Vorerkundung und Bestandsaufnahme nicht oder nur mit einem unverhältnismäßig großem Aufwand möglich. Zudem gibt es Situationen, wo Bauarbeiten durchgeführt werden müssen und nicht vorhersehbare Behinderungen, zum Beispiel durch betriebliche Abläufe des Bauherrn, zu erwarten sind. In diesen Fällen ist es für den Bauunternehmer nicht möglich, die Leistung ohne ungewöhnliches Wagnis zu kalkulieren. Die im Rahmen von Stundenlohnverträgen verbrauchten Baustoffe, Bauhilfsstoffe und sonstigen Materialien sowie der Gebrauch von Geräten, werden entweder über vorab vereinbarte Verrechnungssätze oder auf Nachweis, gewöhnlich mit einem vorab vereinbarten Zuschlag als Gemeinkostenumlage verrechnet.

Stundenlohnarbeiten werden regelmäßig im Zusammenhang mit EP-Verträgen vereinbart, so dass letztlich ein Mischvertrag vorliegt.

Im § 15 Abs. 4 VOB/B ist festgelegt, dass Stundenlohnrechnungen alsbald nach Abschluss der Stundenlohnarbeiten, längstens jedoch in Abständen von 4 Wochen einzureichen sind. Diese Regelung ist nicht nur als Schutz des Bauherrn zu verstehen, sondern auch als Schutz des Bauunternehmers, da er sich so die rechtzeitige Bezahlung seiner Leistungen sichert.

**Der Selbstkostenerstattungsvertrag**

Des Weiteren existiert noch die Vergütungsregelung in Form eines Selbstkostenerstattungsvertrags. Dieser noch in der „VOB/A 2006" in § 5 Nr. 3 aufgeführte und in der Praxis nur selten zur Anwendung kommende Vertrag ist in der am 15.10.2009 veröffentlichten „VOB/A 2009" nicht mehr enthalten. Die Intention der VOB/A ist also eindeutig, keine bzw. nur in ganz ungewöhnlichen Ausnahmefällen Selbstkostenerstattungsverträge auszuschreiben.

Der Selbstkostenerstattungsvertrag ist für Bauleistungen größeren Umfangs vorgesehen, die einmalig, schwierig und eventuell auf technischem Neuland auszuführen sind, so dass eine sichere Kalkulation nicht möglich ist. Es werden bei der Vergabe die Verrechnung von Löhnen, Stoffen, Geräten und anderen Kosten festgelegt und gleichzeitig Regelungen vereinbart für die Erstattung von Gemeinkosten und des Unternehmergewinns. Beim Selbstkostenerstattungsvertrag liegt somit eine enge

Verwandtschaft zum EP-Vertrag vor, da beide Vertragstypen auf der Vereinbarung von Verrechnungssätzen für Löhne, Stoffe und Geräte basieren.[52]

In der Regel ist diese Vertragsform vom Auftraggeber nicht gewünscht. Auftragnehmer hingegen nehmen diese Verträge gerne an, da diese Vertragsform eine gute Möglichkeit darstellt unausgelastete bzw. weniger leistungsfähige Ressourcen einzusetzen. Daraus lässt sich schließen, dass die Abwicklung von Bauvorhaben auf Grundlage dieser Vertragsform für Unternehmen mit einem hohen Maß an Leistungsfähigkeit in der Regel nicht von Vorteil ist. Insbesondere bei solchen Unternehmen kommen die daraus resultierenden Vorteile ausschließlich dem Auftraggeber, nicht jedoch dem Auftragnehmer zugute. Es sollte jedoch bedacht werden, dass gerade in Zeiten zunehmender Risikoübernahmen durch die Bauunternehmen diese Vertragsform bei zuvor fixiertem Gewinnzuschlag von Vorteil sein kann.[53]

## 2.3.4    Mehrvergütungsansprüche (Nachträge)

Für die Neuberechnung des Preises kommt es auf den Zeitpunkt des Beginns der Ausführung der geänderten Leistung, also z. B. die dann maßgeblichen Löhne, Materialkosten etc. an. Der neue Preis ist unter Berücksichtigung der Mehr- und Minderkosten zu ermitteln, die durch die Änderung des Bauentwurfs oder andere Anordnungen des Auftraggebers entstehen.

Ausgehend von der Urkalkulation sind die Mehr- und Minderkosten im Wege einer Vergleichsrechnung zu erfassen und hieraus der neue Preis zu bestimmen. Soweit die bisherigen Preisgrundlagen durch die geänderte Leistung nicht berührt werden, bleiben sie unverändert. Der vom Auftragnehmer in seiner Urkalkulation angesetzte Gewinn darf hierbei nicht geschmälert werden.

*Grundlage ist die Urkalkulation*

Etwaige Vorteile aus seiner ursprünglichen Kalkulation verbleiben dem Auftragnehmer. Wenn er im Einzelfall sein ursprüngliches Angebot zu knapp kalkuliert hatte oder wenn ihm ein Kalkulationsfehler unterlaufen war, so muss er bei der Neuberechnung des Preises grundsätzlich daran festhalten.[54] Fehler in der ursprünglichen Kalkulation können auch hier nur ausnahmsweise korrigiert werden. Hierzu wird auf die Ausführungen zu § 2 Abs. 3 Nr. 2 VOB/B verwiesen. Die Neupreisbildung darf nur bei der durch die geänderte Leistung betroffenen Position verlangt werden.[55]

---

[52]   Vgl. Schach R./Sperling W.: Baukosten – Kostensteuerung in Planung und Ausführung; Berlin Heidelberg: Springer Verlag, 2001, S. 98.

[53]   Vgl. Plümecke: Preisermittlung für Bauarbeiten; 25. überarbeitete und erweiterte Auflage; Köln: Verlagsgesellschaft Rudolf Müller GmbH & Co. KG, 2004, S. 21.

[54]   BGH, Urteil vom 25.01.1996 – VII ZR 233/94, NJW 1996, 1346.

[55]   BGH, Urteil vom 28.09.1972 – VII ZR 37/72, BauR 1972, 381.

## 2.3.5    Vergütung nach § 2 VOB/B

Alle zur vertraglichen Leistung gehörenden Leistungen werden durch die vereinbarten Preise gem. § 2 VOB/B abgegolten. Demnach wird, wenn keine andere Berechnungsart vereinbart ist, die Vergütung nach den vertraglichen Einheitspreisen und den tatsächlich ausgeführten Leistungen berechnet.

Weichen die ausgeführten Leistungen von den vertraglich vereinbarten ab, so wird die Vergütung angepasst bzw. geändert. Eine Vergütungsanpassung erfolgt bei Änderung der ausgeführten Mengen (Mengenmehrung oder -minderung nach § 2 Abs. 3 VOB/B). Vergütungsänderungen hingegen treten auf bei Leistungswegfall (§ 2 Abs. 4 VOB/B), Änderung der Leistung (§ 2 Abs. 5 VOB/B) und Zusatzleistungen (§ 2 Abs. 6 VOB/B). Den Gesamtzusammenhang verdeutlicht Abbildung 2-2.

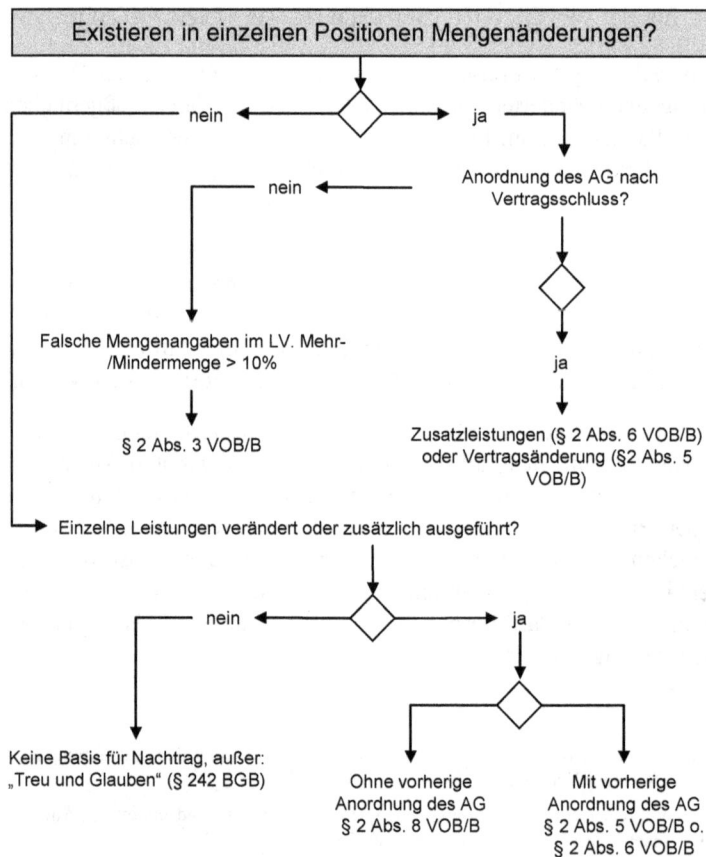

*Abbildung 2-2: Konsequenzen von Mengenänderungen*

**Mengenmehrung bei Einheitspreisen**

Mauerwerksarbeiten:
Vertragliche Menge: 50m³
EP: 500€/m³
Mengenänderung um + 4m³

Welche Auswirkung hat die Mengenänderung auf den Einheitspreis?

Der Einheitspreis (EP) bleibt bestehen, da die Mengenmehrung lediglich 8 v. H. beträgt. Demnach ist die Basis für die gesamte Menge der vertragliche Einheitspreis (Grundlage: § 2 Abs. 3 Nr. 1 VOB/B).

**Wieder Mengenmehrung bei Einheitspreisen**

Mauerwerksarbeiten:
Vertragliche Menge: 50m³
EP: 500€/m³
Mengenänderung um +15m³

Welche Auswirkung hat die Mengenänderung auf den Einheitspreis?

Für die über 10 v. H. hinausgehende Überschreitung des Mengenansatzes ist auf Verlangen ein neuer Preis unter Berücksichtigung der Mehr- oder Minderkosten zu vereinbaren. D.h., der neue Einheitspreis ist nur für den Anteil größer 110 v. H. anzusetzen. Die Menge bis 110 v. H. wird hingegen mit dem ursprünglichen Einheitspreis vergütet (Grundlage: § 2 Abs. 3 Nr. 2 VOB/B).

**Mengenmehrung bei pauschaler Abrechnung**

Malerarbeiten:
Fassade 300m²
EP: 30€/m²

Gerüst für Malerarbeiten:
Fassade 300m²
Gerüst wird Pauschal abgerechnet.

Malerarbeiten erhöhen sich auf 400m²

Welche Auswirkung hat die Mengenänderung auf den Pauschalpreis des Gerüstes?

Durch die Erhöhung der zu streichenden Fassadenfläche wird mehr Gerüst benötigt. Auf Grund der Tatsache, dass die Gerüstbauarbeiten von einer anderen Leistung (Malerarbeiten) abhängig sind, kann mit der Änderung des Einheitspreises für die Malerarbeiten auch eine angemessene Änderung der Pauschalsumme gefordert werden (Grundlage: § 2 Abs. 3 Nr. 4 VOB/B).

**Mengenminderung bei Einheitspreisen**

Mauerwerksarbeiten:
Vertragliche Menge: 50m³
EP: 500€/m³
Mengenänderung um −15m³

Welche Auswirkung hat die Mengenänderung auf den Einheitspreis?

Für die tatsächlich ausgeführte Menge der Leistung ist der Einheitspreis auf Verlangen zu erhöhen. In diesem Fall gilt ein neuer Einheitspreis für eine Menge von 35 m³. (Grundlage § 2 Abs. 3 Nr. 3 VOB/B).

**Nicht vorhergesehene Leistungen**

Der Auftraggeber A vergibt einen Auftrag betreffend einer Asbestbeseitigung an das Unternehmen U. In der Auftragsbeschreibung wurden Asbestfundstellen in einer Asbestliste aufgeführt. U konnte das Gebäude vor der Angebotsabgabe besichtigen, sich jedoch aus Nutzungsgründen nicht durch Eingriffe in das Gebäude von den Örtlichkeiten überzeugen. Nach der Auftragserteilung stellte sich heraus, dass hinter bisher unbekannten Stellen weitere Asbestvorkommen vorhanden waren. Nun verlangt A von U die weiteren Fundstellen ohne Aufpreis zu beseitigen, da der vergebene Auftrag die Asbestbeseitigung im gesamten Gebäude beinhalte.

Kann A die Vergütung für die Beseitigung der weiteren Fundstellen verweigern?

Wenn ja. Warum?

A ist verpflichtet die Beseitigung der weiteren Fundstellen zu erstatten. Denn gemäß § 2 Abs. 6 VOB/B wurde von A eine nicht vorgesehene Leistung gefordert, da unstreitig ist, dass U sämtliche Asbestfundstellen zu beseitigen hatte und nur vorher erkennbare Fundstellen durch den Auftrag abgegolten wurden[56].

**Änderung der Betongüte**

Nachdem der Auftraggeber A dem Unternehmer U den Auftrag zum Bau eines Mehrfamilienhauses erteilt hat, ändert A in Absprache mit dem Architekten, der die Bauvorlage entworfen hatte, bestimmte Raumnutzungen. Resultat ist, dass für bestimmte Tragelemente die Betongüte erhöht werden musste. A teilt U die neuen Bedingungen mit und besteht darauf die Arbeiten sofort durchzuführen, da der von ihm bestellte Beton

---

[56] KG, Urteil vom 28.12.2006 – 27 U 298/03.

schon in wenigen Stunden angeliefert wird und damit die Bautermine nicht in Verzug geraten. Nachdem die Arbeiten alle durchgeführt wurden, erhält A eine für ihn viel zu hohe Rechung und ist nicht bereit diese zu zahlen.

Ist A verpflichtet die Rechnung zu zahlen?

Zwischen A und U wurde aus Zeitgründen vergessen einen neuen Preis zu vereinbaren. Gemäß § 2 Abs. 5 VOB/B sind die Vertragspartner allerdings verpflichtet, eine diesbezügliche Vereinbarung zu treffen. Nur dann erhält U die Vergütung für die geänderten Leistungen. Die Vertragspartner müssen sich über den neuen Preis vor oder nach der Ausführung einigen, ansonsten muss dieser Konflikt vor einem Gericht entschieden werden. Unabhängig davon ist in diesem Fall die Frage, inwiefern U hier überhaupt berechtigt Mehrkosten geltend machen kann. Der Beton wurde durch A bereitgestellt. D.h., dass nur der Einbau des Materials die zu vergütende Leistung ist. Dass der Einbau eines Betons höherer Güte gegebenenfalls Mehrkosten nach sich zieht ist hier auf jeden Fall in Frage zu stellen und gutachterlich festzustellen.

### Fehlende finanzielle Mittel beim Auftraggeber

Auftraggeber A möchte ein kleines Einfamilienhaus bauen. Der Bau umfasst Roh- und Ausbau. Unternehmer U bekommt den Auftrag. A und U vereinbaren, dass der Bauvertrag nach VOB/B geregelt werden soll. Nach Erstellung des Rohbaus erkennt A, dass die finanziellen Mittel zukünftig nicht mehr ganz ausreichen könnten, um den Ausbau durch U durchführen zu lassen. Daraufhin entscheidet sich A den Vertrag zu kündigen und die restliche Arbeit zu einem späteren Zeitpunkt selbst oder mit Hilfe von Bekannten durchzuführen. U akzeptiert dieses nicht. Er verlangt die volle Bausumme.

Wie ist dieses Problem zu lösen?

Hier werden im Vertrag ausbedungene Leistungen des Auftragnehmers vom Auftraggeber selbst übernommen (§ 2 Abs. 4 VOB/B). In der Tat ist es so, dass der Auftraggeber bis zur Vollendung der Leistung jederzeit den Vertrag kündigen kann (§ 8 Abs. 1 Nr. 1 VOB/B). In diesem Fall gilt aber – unter der Voraussetzung, dass A und U nichts anderes vereinbart haben – dass dem Auftragnehmer die vereinbarte Vergütung zusteht. Er muss sich jedoch anrechnen lassen, was er infolge der Aufhebung des Vertrags an Kosten erspart oder durch anderweitige Verwendung seiner Arbeitskraft und seines Betriebs erwirbt oder zu erwerben böswillig unterlässt (§ 8 Abs. 1 Nr. 2 VOB/B, § 649 BGB).

**Glas statt Buche**

Der Auftraggeber möchte anstelle der im Vertrag vereinbarten 4 Buche-
und 2 Glastüren nun 6 Glastüren. Der Einbau dieser Türen ist zeitaufwän-
diger (statt 1,5 sind es 3 Stunden pro Tür) und die Materialkosten erhöhen
sich ebenfalls:

Materialkosten pro Tür inkl. Zargen, Beschläge etc.:

Buchetür: 260 €
Glastür: 420 €

Es findet hier eine Änderung des Bauentwurfs durch den Auftraggeber statt,
welche den im Vertrag vorgesehen Preis erhöht (Preiserhöhung von 1.880 € auf
2.520 € = +34%). Somit ist gem. § 2 Abs. 5 VOB/B ein neuer Preis unter Berücksichtigung der Mehrkosten zu vereinbaren. Die Vereinbarung SOLL (muss
aber nicht!) vor der Ausführung getroffen werden. Die Mehr- und Minderkosten werden zusätzlich in § 2 Abs. 3 Nr. 2 VOB/B berücksichtigt.

## 2.3.6 Anspruchsgrundlagen für Vergütungsanpassungen

Von besonderer Bedeutung bei Bau-Soll-Abweichungen gem. § 2 VOB/B ist
die Lokalisierung der Anspruchsgrundlage zur Durchsetzung der Vergütungsanpassung gegenüber dem Bauherren.

Lokalisierung der
Anspruchsgrundlage

Anspruchvoraussetzungen gem. § 2 Abs. 3 VOB/B für „reine Mengenänderungen"[57]:

1. Es liegt ein Einheitspreisvertrag vor.
2. Die VOB/B ist vereinbart.
3. Es handelt sich um eine reine Mengenänderung, d.h. die Änderung des
   Mengenvordersatzes beruht auf ungenauer Mengenermittlung im Aus-
   schreibungsstadium, auf Schätzungen oder auf einem Rechenfehler.
4. Die Art der vereinbarten Herstellung, d.h. das Herstellungsverfahren, ändert sich nicht, d.h. es gibt keine Änderung des Leistungsinhaltes.
5. Mit der Mengenänderung sind Mehr- oder Minderkosten verbunden.
6. Der Auftragnehmer hat nicht in anderen Positionen oder auf andere Weise
   bereits einen Ausgleich erhalten.
7. Ein Vertragspartner verlangt die Änderung der Vergütung.
8. Die tatsächlich ausgeführte Menge weicht von der vereinbarten ausge-
   schriebenen Menge um mehr als 10% ab.

---

[57]  Reister, Dirk: Nachträge beim Bauvertrag, Werner Verlag, 2004, S. 271 f.

### Schwimmbadsanierung

Im Rahmen einer Schwimmbadsanierung wurde ein Einheitspreisvertrages geschlossen. Es stellt sich heraus, dass die Abrechnungssumme die Auftragssumme nahezu um das Doppelte übersteigt, da die im vom Auftraggeber A verfassten LV ausgewiesenen Mengen völlig unzureichend sind.

A verweigert die vollständige Bezahlung mit der Begründung, dass es der Auftragnehmer versäumt habe, ihn rechtzeitig auf die drohende Mengenüberschreitung hinzuweisen.

Hat A Recht?

Dem Auftragnehmer steht eine Vergütung für die gesamte tatsächlich ausgeführte Menge zu. Die Mengenmehrung ist in § 2 Nr. 3 VOB/B explizit mit der „10%-Regelung" formuliert.

Somit kann jeder Vertragspartner eine Preisanpassung verlangen. Diese beschränkt sich allerdings auf die über 10 v. H. hinausgehende Überschreitung des Mengenansatzes. Eine Hinweispflicht (des Auftragnehmers) auf Mengenmehrung (gegenüber dem Auftraggeber) besteht dagegen nicht![58]

### Wieder Schwimmbadsanierung

Im Rahmen einer Schwimmbadsanierung wurde ein Einheitspreisvertrages geschlossen. Es stellt sich heraus, dass die Abrechnungssumme die Auftragssumme nahezu um das Doppelte übersteigt, da die im vom Auftraggeber verfassten LV ausgewiesenen Mengen völlig unzureichend sind.

A verweigert die vollständige Bezahlung mit der Begründung, dass es der Auftragnehmer versäumt habe, ihn rechtzeitig auf die drohende Kostenüberschreitung hinzuweisen.

Hat A Recht?

Eine erhebliche Kostenüberschreitung aufgrund unzureichender Mengenschätzung muss der Auftragnehmer dem Auftraggeber unverzüglich anzeigen. Das Unterlassen kann in diesem Fall zu einer Reduzierung seines Vergütungsanspruchs führen (vgl. § 650 Abs. 2 BGB – Kostenanschlag).

---

[58]  Thüringer OLG – Az.: 7 U 1205/02. Nichtzulassungsbeschwerde vom BGH zurückgewiesen
     – Az.:VII ZR 243/03.

**Villensanierung**

Aufgrund einer erheblicher Mengenminderung im Zuge einer Sanie-
rungsmaßnahme fordert der Auftragnehmer erhöhte Einheitspreise. In
einer Nachtragsrechnung stellt er für „erhöhte Kosten" und „entfallenden
Gewinn" einen nicht näher erläuterten Mehrbetrag in Höhe von 1.897,15
Euro in Rechnung.

Da diese Forderung für den Auftraggeber nicht nachvollziehbar ist weist
er sie zurück. Der Auftragnehmer legt daraufhin ein Sachverständigengutachten vor, in dem aus Erfahrungssätzen dargestellt wird, dass die
Höhe der Nachtragsforderung angemessen ist.

Muss der Auftraggeber der Nachtragsforderung nachkommen?

Der Auftraggeber muss dieser Forderung nicht nachkommen, da:

1. der Auftragnehmer zur Erstellung einer prüffähigen Nachtragsrechnung
   verpflichtet ist und
2. eine Nachtragsrechnung ohne Offenlegung der Kalkulation des ursprünglichen Angebots nicht fällig wird.

Auf Grundlage der Ursprungskalkulation hätte der Auftragnehmer seine Nachtragsforderung aufbauen und die geforderten Mehrpreise ableiten müssen.

Das eingereichte Sachverständigengutachten erfüllt die Anforderungen an eine
prüfbare Rechnung ebenfalls nicht, da nur mit Erfahrungssätzen und nicht mit
der Ursprungskalkulation argumentiert wird.

Anspruchvoraussetzungen gem. § 2 Abs. 4 VOB/B für die „auftraggeberseitige
Leistungsübernahme"[59]:

1. Es liegt ein Einheitspreis- oder ein Pauschalpreisvertrag vor.
2. Die VOB/B ist vereinbart.
3. Der Auftraggeber übernimmt die an den Auftragnehmer vergebene Leistungen selbst ganz oder teilweise.
4. Der Auftraggeber muss gegenüber dem Auftragnehmer anzeigen, dass er
   die Leistungen übernimmt.

---

[59]  Reister, Dirk: Nachträge beim Bauvertrag, Werner Verlag, 2004, S. 281.

**Trockenbauwände**

Auftraggeber A schließt mit dem Trockenbauunternehmen T einen Einheitspreisvertrag gem. VOB ab. Folgende Arbeiten sollen zur Ausführung kommen:

„Erstellung von Trockenbauwänden inkl. aller erforderlicher Spachtel- und Putzarbeiten und Streichen der Wände"

Nach Vertragsschluss teilt A dem T mit, dass er die Malerarbeiten unter Bezug auf § 2 Abs. 4 VOB/B selbst ausführen wird. Im weiteren Verlauf erfährt T, dass A die Malerarbeiten an ein Malerunternehmen weiter vergeben hat. T fordert daraufhin die Vergütung inkl. der Malerarbeiten, da A ihm die Leistungserbringung verweigert hat, obwohl er dazu in der Lage war. Außerdem wollte A diese Leistung <u>selbst</u> erbringen!

Wie beurteilen Sie die Situation?

Dem Auftraggeber steht es nach VOB/B frei den Vertrag im Ganzen oder in Teilen zu jeder Zeit zu kündigen. In diesem Sinne hat er auch das Recht einzelne vereinbarte Leistungen selbst zu erbringen. „Selbst" bedeutet in diesem Zusammenhang nicht, dass die Arbeiten auch bspw. vom eigenen Unternehmen auszuführen sind.

Der Trockenbauer hat in diesem Fall keinen Anspruch auf die volle Begleichung der vertraglich festgesetzten Abrechnungssumme, sondern muss sich nach § 8 VOB/B „*ersparte Kosten*" anrechnen lassen.

Anspruchvoraussetzungen gem. § 2 Abs. 5 VOB/B für „auftraggeberseitige Änderungen"[60]:

1. Es liegt ein Einheitspreis- oder ein Pauschalpreisvertrag vor.
2. Die VOB/B ist vereinbart.
3. Nach Vertragsschluss wird vom Auftraggeber einseitig eine Bauentwurfsänderung oder Anordnung vorgenommen, d.h. eine vertraglich vereinbarte Leistung wird inhaltlich geändert.
4. Die Abweichung vom Bau-Soll liegt tatsächlich vor.
5. Mit der Änderung/Anordnung ist die Veränderung der Grundlage des Preises für eine im Vertrag vorgesehene Leistung verbunden.

Ca. 95% der in der Praxis auftretenden Mengenabweichungen sind auf Leistungsänderungen zurückzuführen.

---

[60] Reister, Dirk: Nachträge beim Bauvertrag, Werner Verlag, 2004, S. 286.

**Ferienhaus**

Der Auftraggeber eines Ferienhauses ordnet im Rahmen eines VOB-Vertrages eine Änderung der Leistung an.

Der Auftragnehmer erklärt daraufhin, dass er auf Grundlage des § 2 Abs. 5 VOB/B die geänderte Leistung erst nach Anerkenntnis seiner Nachtragspreise ausführen werde und legt die Arbeiten nieder.

Daraufhin kündigt der Auftraggeber nach Androhung der Kündigung und Ablauf einer Nachfrist zur Arbeitsaufnahme den Vertrag aus „wichtigen Gründen" gem. § 8 Abs. 3 VOB/B.

Beurteilen Sie die Situation!

Der Auftragnehmer hat grundsätzlich **kein Leistungsverweigerungsrecht** wegen der noch nicht erfolgten Einigung über Nachtragspreise.

Zwar **soll** nach § 2 Abs. 5 VOB/B möglichst vor Beginn der Ausführung eine Vereinbarung über geänderte Preise erfolgen. Dieses ist jedoch keine zwingende Voraussetzung und stellt deshalb für den Auftragnehmer keinen Grund dar, seine Leistung bis zum Zustandekommen einer entsprechenden Vereinbarung zu verweigern. Deshalb erfolgte die Kündigung aus wichtigem Grund zu Recht.

Anspruchvoraussetzungen gem. § 2 Abs. 6 VOB/B für „Zusatzleistungen" [61]:

1. Es liegt ein Einheitspreis- oder ein Pauschalpreisvertrag vor.
2. Die VOB/B ist vereinbart.
3. Der Auftraggeber fordert die Ausführung einer vertraglich nicht vorgesehenen Leistung, d.h. es liegt eine Abweichung vom Bau-Soll vor.
4. Die Zusatzleistung ist zur Erbringung der vertraglich vereinbarten Leistung erforderlich z.B. der Bau einer Stützmauer zum Nachbargrundstück, die von der baugenehmigenden Behörde als Auflage gefordert wurde.
5. Der Betrieb des Auftragnehmers ist auf die Leistungserbringung eingerichtet.
6. Der Auftragnehmer muss den zusätzlichen Vergütungsanspruch vor Beginn der Ausführung angezeigt haben.

**Einfamilienhaus**

Im Rahmen von Vertragsverhandlungen zum Bau eines Einfamilienhauses räumt der Auftragnehmer gegenüber dem Auftraggeber *„einen Nachlass von 5% auf alle Einheitspreise"* ein.

---

[61]   Reister, Dirk: Nachträge beim Bauvertrag, Werner Verlag, 2004, S. 292.

Während der Ausführung erhält der Auftragnehmer einen Zusatzauftrag (Erstellung einer weiteren Garage), ohne dass die Frage angesprochen wird, ob der Nachlass auch dafür gelten soll.

Bei der Schlussrechnung reduziert der Auftraggeber den Gesamtbetrag einschließlich der zusätzlich erbrachten Leistung um 5%.

Zu Recht?

Der vereinbarte Nachlass gilt nicht nur für den Hauptvertrag, sondern auch für die zusätzlich erbrachte Leistung.

Maßgebend ist hier der Wortlaut im Vertrag:

„einen Nachlass von 5% auf alle Einheitspreise". Diese Formulierung deutet darauf hin, dass auch zusätzliche Leistungen erfasst werden.[62]

Will der Auftragnehmer einen Nachlass nur für das Hauptangebot einräumen, sollte er dieses im Vertrag klarstellen und ausformulieren:

„Der eingeräumte Nachlass in Höhe von ...% gilt nur für die in diesem Vertrag vereinbarten Leistungen, nicht für evtl. später erteilte Zusatzaufträge."

# 2.4  Sicherheiten

## 2.4.1  Bauhandwerkersicherungshypothek

Aus der Natur des Werkvertrags ist ein Bauunternehmer in der Regel vorleistungspflichtig. Er erbringt seine Leistung, erhält die Vergütung aber erst nach Abnahme der Bauleistung.

*Bauunternehmer in der Regel vorleistungspflichtig*

Wird der Auftraggeber z.B. im Fall der Insolvenz zahlungsunfähig, hat der Bauunternehmer seine Vorleistungen zwar erbracht, erhält aber seine Vergütung nicht mehr. Es kommt zum Forderungsausfall. Der Bauunternehmer kann seine Vorleistungen (in Form von Material oder Arbeitskraft) auch nicht mehr zurückführen weil z.B. das verbaute Material wesentlicher Bestandteil des Grundstücks geworden ist und damit in das Eigentum des Grundstückseigentümers übergegangen ist (Anders als beispielsweise im Kaufrecht, bei dem eine unbezahlte Ware dem Verkäufer zurückgeführt werden kann.).

---

[62]  BGH, Urteil vom 24.07.2003 – VII ZR 79/02, BauR 2003, 1892.

Zur Sicherung seiner Forderung aus dem Bauvertrag kann der Unternehmer nach § 648 BGB die Eintragung einer Sicherungshypothek am Grundstück des Bestellers verlangen (Bauhandwerkersicherungshypothek).

## 2.4.2    Sicherheitsleistung gemäß § 648a BGB

Da die Bauhandwerkersicherungshypothek insbesondere wegen der erforderlichen Identität von Besteller und Grundstückseigentümer nur eine unzureichende Sicherheit bietet, soll § 648a BGB dem Unternehmer zusätzlich den einfachen Zugriff auf die zum Bauen bestimmten Finanzmittel des Bestellers eröffnen.

Die Regelungen des § 648a Abs. 1 und Abs. 5 BGB geben dem Unternehmer ein Wahlrecht, wenn der Besteller die verlangte Sicherheit nicht binnen der gesetzten (angemessenen) Frist leistet: Der Unternehmer kann entweder den Vertrag fortsetzen und sich, solange der Besteller die Sicherheit nicht beibringt, auf sein Leistungsverweigerungsrecht berufen und zugleich auch auf Gestellung der Sicherheit klagen oder er kann den Vertrag kündigen mit der Folge, dass ein Anspruch auf die Sicherheit – im Grundsatz – nicht mehr besteht. Hinsichtlich dieser Grundsätze besteht insoweit eine Ausnahme, als der Unternehmer auch nach der Kündigung des Vertrags verpflichtet bleibt, etwaige Mängel an den bis zur Kündigung erbrachten Werkleistungen zu beseitigen, d. h. dass er, sofern der Besteller Mängelbeseitigung verlangt, insoweit vorleistungspflichtig bleibt mit der Folge, dass er, sofern und soweit und solange die Vergütung noch von dieser Vorleistung (Mängelbeseitigung) abhängig ist, also der Besteller Mängelbeseitigung fordert, eine Sicherheit nach § 648a BGB verlangen kann. [63]

> **Bürgschaft**
>
> Unternehmer E schließt mit dem Auftraggeber A am 15. Mai einen Bauvertrag über Erdbauarbeiten ab. Am 31. Juli verlangt E eine Sicherheit i. H. v. 56.000,- Euro für auszuführende Restarbeiten und setzt hierfür eine Frist *„bis zum 02. August"*.
>
> A teilt am 01. August mit, dass er die Sicherheit in Form einer Bürgschaft beibringen werde.
>
> Weil am 02. August die Sicherheit nicht vorliegt, zieht E von der Baustelle ab und kündigt den Bauvertrag.
>
> Ist E im Recht?

---

[63]    LG Hamburg, Urteil vom 16.07.2010 – 325 O 469/09.

Der Auftraggeber ist zwar verpflichtet unverzüglich nach Aufforderung die Sicherheit zu beschaffen, doch ist zu berücksichtigen, dass dafür Verhandlungen mit verschiedenen Kreditinstituten zu führen sind. Die vom Auftragnehmer zu setzende Frist zur Beibringungen der Sicherheit sollte in der Regel **zwei Wochen nicht unterschreiten**. Setzt der Auftragnehmer eine zu kurze Frist, so ist diese nicht wirkungslos. Sie setzt vielmehr eine angemessene Frist in Gang. Erst nach Ablauf der angemessenen Frist ist eine Kündigung möglich.

Somit wurde der Vertrag durch E mangels Kündigungsgrund nicht gekündigt. E hätte hier bereits bei Vertragsschluss eine Sicherheit von A einfordern sollen.[64]

# 2.4.3    Sicherheitsleistung gem. § 17 VOB/B

Die Sicherheitsleistung nach § 17 VOB/B dient dazu, die vertragsgemäße Ausführung der Leistung und die Mängelansprüche sicherzustellen.

*Sicherstellung der vertragsgemäßen Ausführung*

Sofern im Vertrag nichts anderes vereinbart ist, kann Sicherheit durch Einbehalt oder Hinterlegung von Geld oder durch Bürgschaft eines Kreditinstituts oder Kreditversicherers geleistet werden. Dabei hat der Auftragnehmer die Wahl unter den verschiedenen Arten der Sicherheit und kann eine Sicherheit durch eine andere ersetzen.

**Auszahlung des Bareinbehalts**

Nach Abnahme einer auf Grundlage der VOB/B beauftragten Fassadensanierung behält der Auftraggeber A eine vertraglich vereinbarte Sicherheit i. H. v. 5% der Abrechnungssumme (5.500,- Euro) ein. Der Unternehmer U händigt dem A am 13.08. eine Bürgschaft in gleicher Höhe aus und verlangt Auszahlung des Bareinbehalts bis 25.08.

Am 27.09. lehnt A die Auszahlung ab und rügt gleichzeitig Mängel.

Wie beurteilen Sie die Situation?

Besteht noch immer das Austauschrecht der Sicherheit durch U?

Der einbehaltene Geldbetrag findet nur Verwendung zur Sicherung von Gewährleistungsansprüchen (Mängelbeseitigungskosten, Schadensersatzkosten o.ä.). Da A in diesem Fall Nachbesserung verlangt hat, und der U dieser in angemessener Frist nicht nachgekommen ist, liegt ein Schadensfall vor, welcher von dem Sicherheitseinbehalt gedeckt werden muss.

---

[64]    BGH, Urteil vom 31.03.2005 – VII ZR 346/03, IBR 2005, 369.

Das Austauschrecht des U besteht hier zwar noch immer, doch liegt es im Ermessen des A, ob er die Bürgschaft behält, oder den Bareinbehalt verwertet.

A muss allerdings dem U unverzüglich mitteilen, ob er den Sicherheitseinbehalt verwertet. Tut er dieses nicht, so bleibt es beim Austauschrecht des U.[65]

### Auszahlung des Bareinbehalts trotz Mängel

Nach Abnahme einer auf Grundlage der VOB/B beauftragten Fassadensanierung behält der Auftraggeber A eine vertraglich vereinbarte Sicherheit i. H. v. 5% der Abrechnungssumme (5.500,- Euro) ein.

Am 27.09. rügt A Mängel. Nachdem er den Unternehmer U vergeblich unter Fristsetzung aufgefordert hat, nachzubessern, schickt Letzterer eine Bürgschaft in gleicher Höhe und verlangt Auszahlung des Bareinbehalts. Zu diesem Zeitpunkt hat A bereits den Bareinbehalt für Ersatzvornahmekosten verbraucht.

Wie beurteilen Sie die Situation?

Besteht noch immer das Austauschrecht der Sicherheit durch U?

Auch hier findet der einbehaltene Geldbetrag nur zur Sicherung von Gewährleistungsansprüchen Verwendung. Da A in diesem Fall Nachbesserung verlangt hat, und U dieser in angemessener Frist nicht nachgekommen ist, besteht das Recht des A, Mängel selbst zu beseitigen. Der Sicherheitseinbehalt wurde hier berechtigterweise verbraucht. Für einen Austausch der Sicherheiten besteht kein Raum mehr. A muss die Bürgschaft zurückweisen bzw. herausgeben.[66]

### Sperrkonto

Ein Bauvertrag, dem die VOB/B zugrunde liegt, beinhaltet folgende Klausel:

„Der Auftraggeber ist berechtigt, 5% der Schlussrechnungssumme für die Dauer der Gewährleistungsfrist zinslos einzubehalten. Der Auftragnehmer kann diese Sicherheit durch Bankbürgschaft ablösen."

Muss nach dieser Klausel der Bareinbehalt vom Auftraggeber A auf ein Sperrkonto einbezahlt werden, bis der Unternehmer U zur Ablösung des Einbehalts eine Bürgschaft aushändigt?

Welche Folgen treten ein, wenn die Einzahlung auf ein Sperrkonto trotz Nachfristsetzung unterbleibt?

---

[65] BGH, Urteil vom 13.09.2001 – VII ZR 467/00, IBR 2001, 612.

[66] BGH, Urteil vom 13.09.2001 – VII ZR 467/00, IBR 2001, 612.

Nach § 17 Abs. 6 Nr. 1 S. 2 VOB/B ist A verpflichtet, den als Sicherheit einbehaltenen Betrag binnen 18 Werktagen ab der Mitteilung des Einbehalts auf ein
Sperrkonto einzuzahlen.

Versäumt A eine Einzahlung binnen 18 Werktagen und lässt er auch eine Nachfrist ergebnislos verstreichen, kann U gem. § 17 Abs. 6 Nr. 3 VOB/B die sofor-
tige Auszahlung des einbehaltenen Betrags verlangen und braucht dann keine
Sicherheit mehr zu leisten.

U kann demnach die Herausgabe einer Barsicherheit oder einer Bürgschaft von
A verlangen.[67]

---

[67]   BGH, Urteil vom 10.11.2005 – VII ZR 11/04, BauR 2006, 379.

# 3 Termine, Fristen und Vertragsstrafe

## 3.1 Ausführung nach § 4 VOB/B

Der § 4 VOB/B ist von zentraler Bedeutung sowohl für die Ausführung der Bauleistung als solche als auch für Mängelansprüche (§ 8 VOB/B), die Haftung der Vertragsparteien (§ 10 VOB/B) wie auch die Kündigung durch den Auftraggeber (§ 8 VOB/B) betreffend.

**Projektleiter will auf die Baustelle**

Bauunternehmer P hat einen weiteren Auftrag für den Rohbau mehrerer Einfamilienhäuser von dem Bauträger V erhalten. Nach Einrichtung der Baustelle erscheint der Projektleiter T von V auf der Baustelle und verlangt die Einrichtungen des P zu inspizieren.

P verweigert dieses und macht von seinem Hausrecht auf der Baustelle Gebrauch. Außerdem verweist er bei Zuwiderhandlung des T auf die §§ 123f. StGB (Hausfriedensbruch). T weist darauf hin, dass er dazu verpflichtet sei, die Baustelle zu begehen und sämtliche Anlagen, Lager etc. zu inspizieren.

a. Ist T dazu verpflichtet die Baustelle zu inspizieren?

b. Mit welcher Berechtigung verlangt T die Baustelle zu inspizieren?

c. Gilt das Hausrecht für P?

d. Wie kann P den T von der Inspektion abhalten?

Zu a: Ja, da er als Vertreter des Auftraggebers für die Aufrechterhaltung der allgemeinen Ordnung auf der Baustelle zu sorgen hat (§ 4 Abs. 1 Nr. 1 VOB/B)

Zu b: Als Vertreter des Auftraggebers hat T das Recht, die vertragsgemäße Ausführung der Leistung zu überwachen. Hierzu hat er Zutritt zu den Arbeitsplätzen, Werkstätten und Lagerräumen (§ 4 Abs. 1 Nr. 2 VOB/B)

Zu c: Nein, das Hausrecht gem. § 123 StGB gilt hier nicht.

Zu d: Da T zum ersten Mal auf der Baustelle erscheint kann P die Vollmacht von T anzweifeln und eine Rückversicherung beim Auftraggeber einholen. Solange kann er ihm den Zugang verweigern.

### Anweisungen durch den Projektleiter

Projektleiter T inspiziert die Baustelle. Nach seiner Begehung hat er einige Verbesserungsvorschläge für den Bauunternehmer P. Unter anderem gibt er folgende Anweisungen:

1. Die sanitären Anlagen sollen in einem weiteren Abstand zur eigentlichen Baustelle versetzt werden, um Geruchsbelästigungen zu verringern.

2. Damit man einen Container für die Bauleitung des Auftraggebers besser platzieren kann, sollen die Fahrzeuge statt in einem Abstand von 2,00 m in einem Abstand von 0,75 m an der Baugrube vorbeigeführt werden.

a. Wie beurteilen Sie die Änderungswünsche?

b. Wie sollte der Unternehmer damit umgehen?

Zu a: Die Platzierung der sanitären Anlagen in dieser Form ist nicht sinnvoll. Der Abstand zur Baugrube von 0,75 m verstößt gegen anerkannte Regeln der Technik.

Zu b: P sollte gem. § 4 Abs. 1 Nr. 4 VOB/B dem Wunsch entsprechen die sanitären Anlagen zu versetzen, aber seine Bedenken gegenüber dem Auftraggeber schriftlich mitteilen.

Der Abstandsänderung sollte P nicht nachkommen, da er dadurch gem. § 4 Abs. 2 Nr. 1 VOB/B gegen Anerkannte Regeln der Technik (Abstände zu Straßenfahrzeugen und Baumaschinen ohne rechnerischen Nachweis (siehe DIN 4124) verstoßen würde. Bedenken sind auch hier gegenüber dem Auftraggeber schriftlich mitzuteilen.

### Keramik statt Glas

Nach erfolgreichem Abschluss des Rohbaus findet in mehreren Einfamilienhäusern der Innenausbau statt. Installateur I hat von dem Bauträger V den Auftrag exklusive Glaswaschbecken in den Badezimmern zu verbauen. Auf Grund eines terminlichen Engpasses bekommt I von seinem Lieferanten L jedoch nur einfache Keramikwaschbecken. Nach Rückfrage bei den zukünftigen Käufern der Einfamilienhäuser bekommt I die Erlaubnis die Keramikwaschbecken einzubauen.

Während Projektleiter T seinen üblichen Gang durch den Bau macht, fallen ihm die Keramikwaschbecken auf.

T verlangt von I die Installation der vertraglich festgelegten, exklusiven Glaswaschbecken.

Muss I der Weisung nachkommen?

Ja, I muss der Weisung nachkommen, da er vertragswidrige Sachen verbaut hat. Gem. § 4 Abs. 7 VOB/B sind von I erbrachte „Leistungen, die schon während der Ausführung als mangelhaft oder vertragswidrig erkannt werden, […] auf eigene Kosten durch mangelfreie zu ersetzen".

Auch der Umstand, dass sich I bei den zukünftigen Käufern rückversichert hat ist hier ohne Belang, da er mit V einen Vertrag hat, und nicht mit den zukünftigen Käufern.

**Nachunternehmereinsatz**

Installateur I hat eingesehen, dass er die Glaswaschbecken liefern und einbauen muss. Da er auf Grund eines Kalkulationsfehlers (zu seinen Ungunsten) einen Auftrag annehmen musste, den er eigentlich gar nicht haben wollte, fehlen I erhebliche Kapazitäten. Er vergibt daher einen Teil der Arbeiten für den Bauträger V an Installateur J.

J ersetzt im Auftrag von I die Waschbecken in den Einfamilienhäusern und führt im Rahmen des Vertrages mit I einige weitere Installationen durch.

Dem Assistenten C von T fällt der neue Mitarbeiter J auf und auf Nachfrage erklärt ihm J den Sachverhalt. Assistent C fragt sich, ob das alles so rechtens ist.

Was meinen Sie dazu?

Hat es Konsequenzen für I?

Gem. § 4 Abs. 8 Nr. 1 VOB/B darf I nur mit schriftlicher Zustimmung des Auftraggebers V Arbeiten an Nachunternehmer übertragen. Sein Betrieb ist außerdem in der Lage solche Arbeit auszuführen, was I zuvor unter Beweis gestellt hatte.

Dies hat zur Folge, dass V dem I eine angemessene Frist zur Aufnahme der Leistung im eigenen Betrieb setzen und erklären kann, dass er ihm nach fruchtlosem Ablauf der Frist den Auftrag entzieht (§ 8 Abs. 3 VOB/B).

# 3.2     Bauzeit und Frist nach BGB

Das Werkvertragsrecht im BGB enthält keine Regelung über die Bauzeit. Nach der Rechtsprechung hat der Auftragnehmer – wenn im Bauvertrag nichts ande-

BGB enthält keine Regelung über die Bauzeit

res vereinbart ist – die Herstellung des Werks **alsbald nach Vertragsschluss zu beginnen** und **in angemessener Frist zügig zu vollenden**[68].

Sofern Fristen gesetzt sind, finden § 286 BGB (Verzug des Schuldners) und die §§ 186–193 BGB (Fristen, Termine) Anwendung. In der VOB/B existieren zu verschiedenen Gesichtspunkten folgende Regelungen:

- Die Vertragsfristen und die Folgen ihrer Nichteinhaltung regelt § 5 VOB/B.
- Behinderung oder Unterbrechung des Leistungsablaufs und deren Rechtsfolgen regelt § 6 VOB/B.
- Die Vertragsstrafe regelt § 11 VOB/B.

### Fristberechnung nach § 187 ff. BGB

Installateur I bekommt von dem Bauträger V den Auftrag vier Gasthermen innerhalb von 6 Monaten einzubauen. Frist- und somit Arbeitsbeginn ist der 13. März.

a. Welche Vorschriften im BGB regeln die Fristberechnung?

b. Wann ist die Frist abgelaufen bzw. bis wann muss I fertig sein?

Zu a: Der Fristbeginn ist in § 187 BGB und das Fristende in § 188 BGB geregelt.

Zu b: Gemäß § 187 Abs. 1 BGB beginnt die Frist am 14. März um 0:00 Uhr.

Nach § 188 Abs. 2 BGB endet eine nach Monaten bestimmte Frist, die gemäß § 187 Abs. 1 BGB zu laufen beginnt, mit dem Ablaufe desjenigen Tages, der durch seine Zahl dem Tage entspricht, in den das Ereignis fällt. Das Ereignis ist der Arbeitsbeginn. Dem 13. März in der Benennung entspricht sechs Monate später der 13. September. Die Frist endet also mit dem Ablauf des 13. September.

### Wieder Fristberechnung nach § 187 ff. BGB

Installateur I bekommt von dem Bauträger V den Auftrag vier Gasthermen innerhalb von 6 Monaten einzubauen. Frist- und somit Arbeitsbeginn ist der 31. August.

Wann ist die Frist abgelaufen bzw. bis wann muss I fertig sein?

In dieser Variante beginnt die Frist gemäß § 187 Abs. 1 BGB am 1. September zu laufen. Nach § 188 Abs. 2 BGB würde die Frist am 31. Februar enden. Diesen Tag gibt es im Kalender jedoch nicht. Die Lösung findet sich in § 188 Abs. 3 BGB:

---

[68]   BGH, Urteil vom 21.10.2003 – X ZR 218/01, IBR 2004, 62.

„Fehlt bei einer nach Monaten bestimmten Frist in dem letzten Monat der für ihren Ablauf maßgebende Tag, so endigt die Frist mit dem Ablauf des letzten Tages dieses Monats".

Fristende ist demnach der 28. Februar. Achtung: Hätte die Frist am 28. Februar begonnen, wäre sie am 28. August abgelaufen!

# 3.3 Ausführungsfristen nach § 5 VOB/B

Als Oberbegriff nennt § 5 VOB/B „Ausführungsfristen". Diese unterteilen sich in Vertragsfristen und Nicht-Vertragsfristen. Die Unterscheidung dieser Begriffe und die Kenntnis solcher Fristen innerhalb des Bauvertrags kann entscheidenden Einfluss auf die Fälligkeit der Werkleistung und eine evtl. Verzugsetzung haben.

## 3.3.1 Vertragsfristen

Vertragsfristen sind verbindliche Fristen. Diese müssen im Bauvertrag als „verbindliche Fristen" gekennzeichnet sein. „In einem Bauzeitenplan enthaltene Einzelfristen gelten nur dann als Vertragsfristen, wenn dies im Vertrag ausdrücklich vereinbart ist."(§ 5 Abs. 1 S. 2 VOB/B). Eine Ausnahme vom Grundsatz, dass Vertragsfristen im Bauvertrag immer ausdrücklich benannt sein müssen, bilden die Fristen für den Baubeginn und das Bauende, sofern sie im Vertrag genannt sind. Diese Fristen sind immer Vertragsfristen.

## 3.3.2 Nicht-Vertragsfristen

Nicht-Vertragsfristen sind **unverbindliche Fristen**. Sie haben **lediglich Warnfunktion** bzw. sind ein Organisationshilfsmittel. Einzelfristen im Bauzeitplan **dienen der Terminüberwachung** und der Kontrolle des Baufortschritts.

## 3.3.3 Beginn der Bauzeit

Als Beginn der Bauzeit gelten schon unter Umständen vorbereitende Arbeiten in der Betriebsstätte des Auftragnehmers (z.B. Erstellung von Fertigteilen). Auf der Baustelle selbst müssen die Aktivitäten noch nicht erkennbar sein. Deshalb sieht die VOB/B eine Anzeigepflicht für den Baubeginn vor (§ 5 Abs. 2 S. 3 VOB/B).

Anzeigepflicht für den Baubeginn

Wenn der Baubeginn im Vertrag vereinbart wurde, dann ist das eine Vertragsfrist. Wenn kein Termin für den Baubeginn vereinbart wurde, hat der Auftragnehmer gem. § 5 Abs. 2 VOB/B 12 Werktage nach Aufforderung zu beginnen; hier liegt dann eine Nicht-Vertragsfrist vor. Der Auftraggeber hat auf Verlangen des Auftragnehmers Auskunft über den voraussichtlichen Baubeginn zu geben.

Unterbleibt die Auskunft des Auftraggebers über den voraussichtlichen Baubeginn, befindet sich dieser in Annahmeverzug, mit der Folge, dass der Auftragnehmer dem Auftraggeber eine angemessene Frist zur Vertragserfüllung setzen und erklären kann, dass er nach fruchtlosem Ablauf der Frist den Vertrag kündigen werde (§ 9 Abs. 1 lit. a, Abs. 2 VOB/B).

### 3.3.4    Ende der Bauzeit

Wurde keine Vereinbarung getroffen, so ist eine angesichts des Umfangs der Leistung und jetzt ggf. zu berücksichtigender Erschwernisse angemessene Frist maßgeblich.

### 3.3.5    Fälligkeit der Werkleistung und Verzug

Nichteinhaltung von Vertragsfristen

Durch Ablauf einer Vertragsfrist tritt Fälligkeit der Werkleistung ein, jedoch noch kein Verzug. Verzug tritt erst ein, wenn die Kriterien gem. Abbildung 3-1 erfüllt sind:

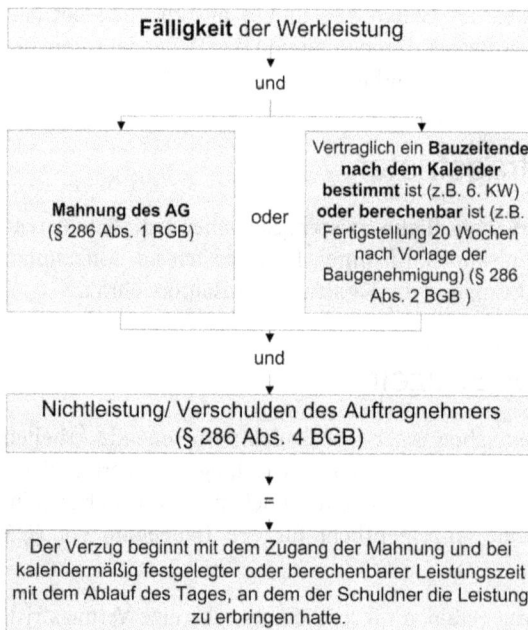

*Abbildung 3-1: Ablauf zur Verzugsetzung*

Durch Ablauf einer Nicht-Vertragsfrist wird die Leistung des Auftragnehmers nicht fällig. Die Fälligkeit kann vom Auftraggeber allerdings durch Geltendmachung des Abhilfeanspruchs gem. § 5 Abs. 3 VOB/B herbeigeführt werden:

*Nichteinhaltung von unverbindlichen Vertragsfrist*

„Wenn [...] Ausführungsfristen offenbar nicht eingehalten werden können, muss der Auftragnehmer auf Verlangen unverzüglich Abhilfe schaffen."

Damit kann der Auftraggeber vom Auftragnehmer Maßnahmen verlangen, die zur termingerechten Erfüllung der Bauleistung notwendig sind. Mit dem Abhilfeanspruch des Auftraggebers korrespondiert eine Abhilfepflicht des Auftragnehmers entsprechend § 5 Abs. 3 VOB/B.

Beachtet der Auftragnehmer die Abhilfeaufforderung nicht, so ist **jetzt** die Bauleistung fällig. **Danach** kann der Auftraggeber den Auftragnehmer dann in **Verzug** setzen (Abbildung 3-2).

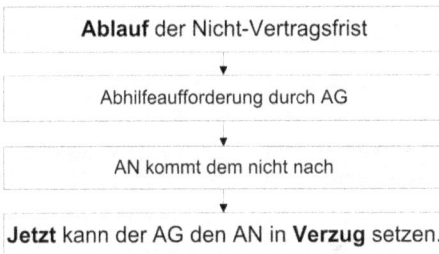

---

**Ablauf** der Nicht-Vertragsfrist

▼

Abhilfeaufforderung durch AG

▼

AN kommt dem nicht nach

▼

**Jetzt** kann der AG den AN in **Verzug** setzen.

---

*Abbildung 3-2: Verzugsetzung bei Nicht-Vertragsfrist*

Dem Auftraggeber steht ein Anspruch auf **Schadensersatz** gegen den Auftragnehmer zu, der jedoch Verschulden des Auftragnehmers voraussetzt (nachweisbar).[69] Bei Verzug des Auftragnehmers steht dem Auftraggeber ein **Kündigungsrecht** zu. Voraussetzung dafür ist neben dem Verzug des Auftragnehmers, dass der Auftraggeber diesem eine angemessene Frist zur Vertragserfüllung setzt und erklärt, dass er dem Auftragnehmer nach fruchtlosem Ablauf der Frist den Auftrag entziehe (Kündigungsandrohung). Nach Fristablauf muss dann die Kündigung unverzüglich erfolgen, ansonsten geht das Kündigungsrecht verloren.[70]

*Rechtsfolge der Nichteinhaltung bei Verzug*

Die Auftragesentziehung kann auch auf in sich abgeschlossene Teile der Leistung beschränkt werden.

---

[69]   Siehe § 5 Abs. 4 VOB/B i.V.m. § 6 Abs. 6 VOB/B.

[70]   Siehe § 5 Abs. 4 VOB/B i.V.m. § 8 Abs. 3 Nr. 1 VOB/B.

# 3.4　　Vertragsstrafe

Durch die schuldhafte Verletzung einer vertraglich vereinbarten Pflicht kann – falls ausdrücklich vereinbart – eine Vertragsstrafe verwirkt sein. Die Vertragsstrafe erfüllt dabei eine doppelte Zielsetzung. Zum einen soll sie als Druckmittel dienen und den Auftragnehmer anhalten, die von ihm geschuldete Leistung vertragsgemäß und vor allem auch fristgemäß zu erbringen. Zum anderen soll sie dem Auftraggeber die Möglichkeit geben, auch ohne Nachweis eines konkreten Schadens im Falle einer Verletzung einer Leistungspflicht seines Vertragspartners einen pauschalierten Schadensersatz verlangen zu können.

Der wichtigste Anwendungsbereich der Vertragsstrafe ist die Einhaltung der für die Errichtung eines Bauvorhabens vorgesehenen, vertraglich vereinbarten Ausführungsfristen. Eine Vertragsstrafe kann nicht nur für den Fall vereinbart werden, dass eine *Fertigstellungs*frist überschritten wird. Vielmehr kann auch die Einhaltung vertraglicher Zwischenfristen durch eine Vertragsstrafe abgesichert werden. Neben der Einhaltung der Bauzeit werden häufig die Einhaltung von Sicherheitsvorschriften, das Treffen wettbewerbsschädigender Absprachen bei Auftragsvergabe sowie der nicht genehmigte Nachunternehmereinsatz mit einer Vertragsstrafe belegt.

Regelungen der VOB/B

Eine Vertragsstrafe muss ausdrücklich vereinbart werden. Die bloße Einbeziehung der VOB/B in einen Bauvertrag stellt keine wirksame Vereinbarung einer Vertragsstrafe dar. Zwar enthält § 11 VOB/B eine Regelung zur Vertragsstrafe. Diese verweist jedoch nur für den Fall, dass eine Vertragsstrafe vereinbart wurde, auf die gesetzlichen Regelungen der §§ 339 bis 345 BGB (§ 11 Abs. 1 VOB/B).

Maßstab einer jeden Vertragsstrafenregelung ist § 339 BGB. Danach ist eine vom Schuldner versprochene Vertragsstrafe verwirkt, wenn er mit einer ihm obliegenden Leistung in Verzug kommt. Eine inhaltsgleiche Regelung enthält § 11 Abs.2 VOB/B. In den §§ 340 und 341 BGB enthält das Gesetz Konkretisierungen des § 339 BGB für den Fall, dass der Schuldner einer Leistung eine ihm obliegende Verbindlichkeit gar nicht erfüllt, sowie in § 341 BGB für den Fall, dass der Schuldner eine ihm obliegende Verbindlichkeit nicht in gehöriger Weise, insbesondere nicht zu der bestimmten Zeit erbringt.

Vereinbarung
einer Vertragsstrafe

Da die VOB/B – ebenso wie das BGB – einen selbständigen Anspruch auf Zahlung einer Vertragsstrafe kennt, müssen die Bauvertragsparteien eine (wirksame) Vertragsstrafe vereinbaren. Dies kann einerseits dadurch geschehen, dass Auftraggeber und Auftragnehmer eine individuelle Vereinbarung über die Vertragsstrafe treffen, andererseits durch Einbeziehung Allgemeiner Geschäftsbedingungen. Letzteres ist die Regel.

## 3.4.1 AGB-rechtliche Grenzen der Vereinbarung einer Vertragsstrafe

In der Baubranche ist es allgemein üblich, dass Auftraggeber in ihren Allgemeinen Geschäftsbedingungen Regelungen über eine Vertragsstrafe aufnehmen, die bei Vertragsabschluss durch Inbezugnahme Vertragsbestandteil werden. Derartige Vertragsstrafen-Klauseln unterliegen der Inhaltskontrolle der §§ 305ff. BGB. Werden die Grenzen der §§ 305ff. BGB nicht eingehalten, so ist die Vertragsstrafenregelung unwirksam.

Von besonderer Bedeutung ist hierbei die Regelung des § 307 Abs. 1 BGB, wonach Regelungen in Allgemeinen Geschäftsbedingungen unwirksam sind, wenn eine unangemessene Benachteiligung des Vertragspartners mit der Regelung einhergeht. Dies ist dann der Fall, wenn sie den Vertragspartner des Verwenders entgegen den Geboten von Treu und Glauben unangemessen benachteiligen. Eine unangemessene Benachteiligung kann sich auch daraus ergeben, dass die Bestimmung nicht klar und verständlich ist.

## 3.4.2 Verstoß gegen das Transparenzgebot

Gemäß § 307 Abs. 1 S. 2 BGB müssen Allgemeine Geschäftsbedingungen klar und transparent formuliert sein. Wirtschaftliche Nachteile und Belastungen müssen für den Vertragspartner des Verwenders erkennbar sein. Als Ausfluss des Transparenzgebots müssen Klauseln zudem bestimmt, d.h. so eindeutig formuliert sein, dass kein Raum für Interpretationen verbleibt. So müssen Rechte und Pflichten des Vertragspartners so klar und präzise wie möglich beschrieben sein.[71]

Ein Verstoß gegen das Bestimmtheitsgebot liegt daher vor, wenn eine Bestimmung sprachlich unklar gefasst ist. Dies ist zum Beispiel bei einer Klausel der Fall, die den Tagessatz einer Vertragsstrafe anhand eines Prozentsatzes der Auftragssumme bestimmt, bei der Gesamthöhe der Vertragsstrafe jedoch an die Schlussrechnungssumme anknüpft.[72]

## 3.4.3 Unangemessene Höhe der Vertragsstrafe

Durch Allgemeine Geschäftsbedingungen können Vertragsstrafenregelungen nicht in beliebiger Höhe vereinbart werden. Ist eine zu hohe Vertragsstrafe

---

[71] BGH, Urteil vom 20.08.2009 – VII ZR 212/07, IBR 2009, 643; BGH, Urteil vom 06.12.2007 – VII ZR 125/06, IBR 2008, 80; BGH, Urteil vom 26.10.2005 – VIII ZR 48/05, IBR 2006, 1177.

[72] BGH, Urteil vom 6.12.2007 – VII ZR 28/07, BauR 2008, 508.

vereinbart, so liegt darin eine unangemessene Benachteiligung des Vertrags-partners des Verwenders, so dass die Klausel unwirksam ist.

Eine Vertragsstrafe, die in Allgemeinen Geschäftsbedingungen vereinbart werden soll, muss nach der Rechtsprechung des BGH eine doppelte Begren-zung enthalten. Zum einen muss die Klausel eine Begrenzung des Tagessatzes enthalten, der für jeden Tag des eingetretenen Verzugs als Strafe zu zahlen ist. Darüber hinaus muss die Vertragsstrafe im Hinblick auf die maximal zu ver-wirkende Gesamtstrafenhöhe durch einen im Verhältnis zur Auftragssumme bestimmten Betrag begrenzt sein. In dem Fall, in dem eine so ausgestaltete zweifache Begrenzung fehlt, etwa indem nur ein Tagessatz bestimmt ist, ohne dass eine Begrenzung auf einen Maximalbetrag vorliegt, ist die Klausel un-wirksam.

Ist nicht geregelt, ob die Vertragsstrafe pro Arbeits-, Werk- oder Kalendertag gezahlt werden soll, ergibt sich aus § 11 Abs. 3 VOB/B, dass nur Werktage bei der Berechnung der Vertragsstrafe berücksichtigt werden. Ein Werktag umfasst dabei die Arbeitstage einschließlich der Samstage.

Welche Bezugsgröße für die Berechnung der Vertragsstrafe heranzuziehen ist, ist durch die Rechtsprechung bislang nicht abschließend geklärt. Geht aus der Vereinbarung nichts Gegenteiliges hervor, dürfte regelmäßig die Nettoauf-tragssumme zum Zeitpunkt des Vertragsschlusses als Berechnungsgrundlage heranzuziehen sein.

Erforderlich ist jedoch nicht nur, dass eine doppelte Begrenzung der Vertrags-strafe vorgenommen wird. Vielmehr muss auch jeder Teil dieser doppelten Begrenzung für sich allein genommen angemessen sein. Ist beispielsweise der Tagessatz so hoch bemessen, dass dieser nicht mehr angemessen ist, ist die Vereinbarung in diesem Punkt unwirksam. In diesem Fall liegt eine doppelte Begrenzung aufgrund der Unwirksamkeit der Regelung zur Höhe des Tages-satzes nicht mehr vor. Die Klausel zur Vertragsstrafe wäre insgesamt unwirk-sam.

Vertragsstrafe von 0,2% der Auftragssumme pro Kalendertag ist noch zulässig

Welche Höhe einer Vertragsstrafe noch angemessen ist, ist nach einem genera-lisierenden Maßstab zu beurteilen. So ist eine Vertragsstrafe von 0,2% pro Kalendertag nach der Rechtsprechung des BGH noch zulässig und kann daher in Allgemeinen Geschäftsbedingungen wirksam vereinbart werden. Selbst eine Vertragsstrafe von 0,3% der Auftragssumme für jeden Werktag des Verzugs, hat der BGH in einer Entscheidung aus dem Jahr 2007 für zulässig erklärt.[73] Klauseln mit Tagessätzen von 0,5% hingegen hat der BGH in der Vergangen-

---

[73] BGH, Urteil vom 06.12.2007 – VII ZR 28/07, BauR 2008, 508.

heit für unwirksam erklärt, und zwar unabhängig davon, ob diese für Arbeits-, Werk- oder Kalendertage gelten sollten.[74]

Neben der Höhe des Tagessatzes ist für die Wirksamkeit einer Vertragsstrafe in Allgemeinen Geschäftsbedingungen auch die Höhe des maximal zu entrichtenden Höchstbetrages der Vertragsstrafe maßgeblich. In der Vergangenheit wurde eine Obergrenze von 5% bis 10% der Abrechnungssumme als zulässig angesehen. Diese Rechtsprechung wurde zwischenzeitlich jedoch aufgegeben. Bei Verträgen, die nach dem 01.07.2003 geschlossen wurden, ist nach der neueren Rechtsprechung des BGH nunmehr eine Obergrenze von nur noch 5% der Auftragssumme zulässig.[75] Vertragsklauseln, die eine über 5% der Auftragssumme hinausgehende Höchststrafe vorsehen, sind, wegen unangemessener Benachteiligung des Bauunternehmens, unwirksam. Für Bauverträge, die vor dem 30.06.2003 geschlossen wurden, gilt hingegen nach wie vor eine Höchstgrenze von 10% der Auftragssumme, wenn die Auftragssumme 15.000.000,00 DM nicht übersteigt.

## 3.4.4  Bedeutung von Zwischenfristen

Der Vertragspartner des Verwenders kann auch dann unangemessen benachteiligt sein, wenn viele Zwischenfristen mit einer Vertragsstrafe belegt werden und diese so dicht beieinander liegen, dass bereits ein geringfügiger Verzug des Unternehmens zum Verwirken der vollen Vertragsstrafe führen würde. Gilt z.B. für mehrere Teilleistungen derselbe Zwischentermin und würde die Überschreitung dieses Termins bei jeder dieser Teilleistungen zur Verwirkung der Vertragsstrafe führen, kann darin eine unangemessene Benachteiligung liegen.[76] Eine einzige Ursache könnte damit schnell zur Verwirkung der vollen Vertragsstrafe führen.

Dieser zur Unwirksamkeit der gesamten Vertragsstrafenregelung führenden Gefahr kann dadurch entgegengewirkt werden, dass für die Überschreitung von Zwischenfristen niedrigere Tagessätze als für die Überschreitung von Endfristen vereinbart werden oder als Bezugsgröße für die Bemessung der Vertragsstrafe für Zwischenfristen nicht auf die volle Auftragssumme, sondern nur anteilmäßig auf einen auf die Teilleistung bezogenen Teilbetrag abgestellt wird.

---

[74]  BGH, Urteil vom 20.01.2000 – VII ZR 46/98, BauR 2000, 1049; BGH, Urteil vom 17.01.2002 – VII ZR 198/00, BauR 2002, 790; BGH, Urteil vom 17.03.2002 – VII ZR 41/01, BauR 2002, 1086.

[75]  BGH, Urteil vom 23.01.2003 – VII ZR 210/01, BauR 2003, 870; BGH, Urteil vom 08.07.2004 – VII ZR 24/03, BauR 2004, 1609.

[76]  OLG Hamm, BauR 2000, 1202.

## 3.4.5    Individuelle Vertragsstrafen

Die zuvor dargestellten Grenzen in Allgemeinen Geschäftsbedingungen gelten nicht für individuell ausgehandelte Vertragsstrafenregelungen und auch dann nicht, wenn der Verwender die Klausel ernsthaft zur Disposition stellt. Wird eine Vertragsstrafenregelung in diesem Sinne ausgehandelt und akzeptiert, liegt eine individuell vereinbarte Vertragsstrafenregelung vor mit der Folge, dass sich der Unternehmer auf eine etwaige Unwirksamkeit nicht berufen kann. Insbesondere müssen bei einer individuellen Vereinbarung die oben erwähnten Höchstsummen nicht beachtet werden.

Individuell vereinbarte Vertragsstrafen sind nur an dem Maßstab des § 138 Abs.1 BGB zu messen, d.h. sie sind nur dann unwirksam, wenn sie gegen die guten Sitten verstoßen. Hiervon ist nur in Ausnahmefällen auszugehen, und zwar dann, wenn die vereinbarte Vertragsstrafe in keinem Verhältnis zum Interesse des Auftraggebers an der rechtzeitigen Fertigstellung des Bauvorhabens und der Absicherung potentieller Schäden steht. Dies kann bei einer Vertragsstrafenregelung der Fall sein, bei der eine sehr hohe Vertragsstrafe bereits mit Eintritt des Verzugs verwirkt wird und bei der aufgrund der Ausgestaltung der vertraglichen Vereinbarung zwangsläufig mit einer Verwirkung gerechnet werden muss.[77] Ist eine individuell vereinbarte bzw. ausgehandelte Vertragsstrafe unangemessen hoch, kann diese auf Antrag des Schuldners durch Urteil auf den angemessenen Betrag herabgesetzt werden (§ 343 Abs. 1 BGB). Dies gilt allerdings nicht, wenn die Vertragsstrafe – wovon im Baugewerbe auszugehen ist – von einem Kaufmann im Rahmen seines Gewerbes versprochen ist (§ 348 Abs. 1 HGB).

**Ist die Vertragsstrafe auch dann fällig, wenn die Einhaltung der Vertragsfristen vollkommen unrealistisch war?**

Nach dem Gesetz ist auch ein Vertrag, der nicht erfüllt werden kann, wirksam (§§ 275, 283 BGB). Insofern sind auch Vertragsstrafenvereinbarungen mit unrealistischen Terminvereinbarungen grundsätzlich wirksam. Der Unternehmer darf sich deshalb auf einen solchen Vertrag mit unrealistisch kurzen Ausführungsfristen nicht einlassen, da ihm der Einwand, er habe die Nichteinhaltung der Vertragsfristen nicht verschuldet, nicht durchgreifen dürfte.

Verwirkung der
Vertragsstrafe

Eine vereinbarte Vertragsstrafe ist nur dann verwirkt, wenn es sich bei dem vereinbarten Termin um eine Vertragsfrist im Sinne des § 5 Abs. 1 VOB/B handelt und diese schuldhaft überschritten wird.

---

[77]    OLG Celle, BauR 2001, 1108.

Die Vereinbarung einer Frist als Vertragsfrist setzt voraus, dass im Vertrag an den Ablauf des vereinbarten Termins der unmittelbare Eintritt von Rechtsfolgen geknüpft wird. Hierfür reicht allein die Einbeziehung eines Bauzeitenplans in den Vertrag und/oder die Vereinbarung eines Fertigstellungstermins noch nicht aus. Auch einschränkende Formulierungen oder Vorbehalte können dazu führen, dass keine Vertragsfrist vorliegt. So führen vage Angaben zu Vertragsterminen (z.B. „Fertigstellung ca. 48. KW" oder „voraussichtlicher Abschluss der Arbeiten im ...") in der Regel dazu, dass es sich nicht mehr um „Vertragsfristen" handelt.

*Vertragsfrist*

Eine Vertragsstrafe ist auch nur dann verwirkt, wenn der Unternehmer mit der Erbringung der vertraglich vereinbarten Bauleistung in Verzug ist.

*Schuldhaftes Überschreiten der Frist*

## 3.4.6    Überschreiten der Frist

Verzug liegt nicht bereits dann vor, wenn die vertraglich festgelegte Fertigstellungsfrist verstrichen ist, ohne dass die Bauleistung vollständig erbracht wurde. Weist das Werk nämlich nur noch unwesentliche Mängel auf bzw. sind noch unbedeutende Restleistungen zu erbringen, reicht dies für einen Verzug nicht aus. Vielmehr ist die Fertigstellungsfrist eingehalten, wenn das Werk abnahmereif hergestellt ist. Ist das Bauwerk frei von wesentlichen Mängeln, ist die Fertigstellungs- bzw. Vertragsfrist eingehalten und die Vertragsstrafe nicht verwirkt.

Eine Vertragsfrist ist auch dann nicht überschritten, wenn aufgrund von Behinderungen die vertraglichen Ausführungsfristen verlängert worden sind (§ 6 Abs. 2 Nr. 1 VOB/B). Dies ist dann der Fall, wenn die Behinderung durch einen Umstand aus dem Risikobereich des Auftraggebers verursacht wurde, auf einen Streik oder eine Aussperrung im Betrieb des Bauunternehmens oder eines unmittelbar für dieses arbeitenden Betriebes zurückzuführen ist oder durch höhere Gewalt oder andere für das Bauunternehmen unabwendbare Umstände verursacht wurde.

Keine Behinderung liegt hingegen vor, wenn die Verzögerung auf Witterungseinflüssen während der Ausführungszeit beruht, mit denen bei Abgabe des Angebotes hätte gerechnet werden können (§ 6 Abs. 2 Nr. 2 VOB/B). Kommt es bei einem Bauvorhaben allerdings zu derartig gravierenden Verzögerungen, dass eine Neuordnung des Zeitplans für das Bauvorhaben erforderlich ist und sich die Beeinträchtigung auch für das Bauunternehmen spürbar auswirkt, kann eine Vertragsstrafenregelung insgesamt hinfällig werden. Dies kann auf grundlegende Planungsänderungen und/oder Zusatzaufträge, aber auch auf verzögerte Mitwirkungshandlungen des Auftraggebers zurückzuführen sein.

Vereinbaren die Parteien des Bauvertrages daraufhin neue Vertragsfristen, hängt es von der konkreten Formulierung der Vertragsstrafe ab, ob diese auch für die neuen Vertragstermine gelten soll. Dies kann der Fall sein, wenn die Vertragsstrafenregelung terminsneutral formuliert ist. Sieht die Regelung also lediglich vor, dass für den Fall des Überschreitens des Fertigstellungstermins eine Vertragsstrafe verwirkt ist, wäre die Vertragsstrafe im Falle eines Verzugs auch dann verwirkt, wenn die Vertragsparteien den Fertigstellungstermin einvernehmlich verschieben und der neue Fertigstellungstermin nicht eingehalten wird. Werden hingegen in dem Bauvertrag bestimmte Termine durch Benennung des Kalenderdatums als Vertragstermine vereinbart, kann nicht ohne Weiteres davon ausgegangen werden, dass die vereinbarte Vertragsstrafenregelung auch für die Überschreitung neu vereinbarter Vertragstermine gelten soll.

## 3.4.7    Verzug

Verzug nur bei Verschulden

Der Unternehmer befindet sich nur dann in Verzug, wenn ihm ein Verschulden, d.h. Vorsatz oder Fahrlässigkeit, im Hinblick auf die Verzögerung der Leistung zur Last gelegt werden kann (§ 286 Abs. 4 BGB).

Insofern ist eine Vertragsstrafe nicht allein durch Nichteinhaltung einer Vertragsfrist verwirkt, wenn diese auf Behinderungen beruht. In diesem Fall befindet sich der Unternehmer nach Ablauf der verlängerten Ausführungsfristen (§ 6 VOB/B) nur unter der zusätzlichen Voraussetzung in Verzug, dass der Auftraggeber den Unternehmer gemahnt hat. Der Unternehmer kommt jedoch grundsätzlich ohne Mahnung in Verzug, wenn für die Herstellung des Werkes ein nach dem Kalender eindeutig bestimmbarer Zeitpunkt vereinbart ist, was bei Vertragsfristen in der Regel der Fall ist.

Klauseln in Allgemeinen Geschäftsbedingungen, die eine verschuldensunabhängige Haftung des Unternehmers für den Fall der Überschreitung von Vertragsfristen vorsehen, sind unwirksam, da sie mit dem Grundgedanken der gesetzlichen Regelung nicht vereinbar sind. Zudem muss aber auch berücksichtigt werden, dass das Verschuldenserfordernis in § 11 Abs. 2 VOB/B vereinbart ist.

Vertragsstrafe und Schadensersatz

Sinn und Zweck der Vertragsstrafe ist, im Fall des Verzuges des Unternehmens dem Auftraggeber unter erleichterten Bedingungen die Geltendmachung des diesem hierdurch entstandenen Schadens zu ermöglichen. Der Vorteil eines auf diese Weise „pauschalierten" Schadensersatzes – gegenüber einem gemäß §§ 249 ff. BGB ohnehin bestehenden Schadensersatzanspruch – besteht vor allem darin, dass der Auftraggeber nicht den ihm entstandenen Schaden konkret beziffern und nachweisen muss.

Tritt jedoch aufgrund der schuldhaften Verzögerung der Herstellung des Werkes ein Schaden ein, der die vereinbarte Vertragsstrafe übersteigt, kann der Auftraggeber gleichwohl den die Vertragsstrafe übersteigenden Schaden ersetzt verlangen. Insofern sollte sich der Unternehmer – insbesondere bei einer vermeintlich „günstigen" Vertragsstrafenregelung – des Risikos bewusst sein, dass der Auftraggeber bei schuldhafter Nichteinhaltung von Vertragsfristen einen die Vertragsstrafe weit übersteigenden und der Höhe nach nicht begrenzten Schaden geltend machen kann.

Insofern stellt die verwirkte Vertragsstrafe lediglich den Mindestbetrag eines Schadensersatzanspruchs dar (§§ 340 Abs. 2 S. 2; 341 Abs. 2 BGB). Ist dem Auftraggeber ein über die Vertragsstrafe hinausgehender Schaden entstanden, ist die verwirkte Vertragsstrafe auf den Schadensersatzanspruch anzurechnen. Anders als bei der Vertragsstrafe ist der Auftraggeber allerdings bei der Geltendmachung eines über die Vertragsstrafe hinausgehenden Schadensersatzanspruchs verpflichtet, nachzuweisen, dass die Nichteinhaltung der Vertragsfrist für den Eintritt des Schadens ursächlich war und allein auf den Verzug des Unternehmens mit der Erbringung der Bauleistung zurückzuführen ist. Gelingt ihm dies nicht, kann er nur einen Teil des Schadens ersetzt verlangen.

Der Schaden, der einem Auftraggeber durch die Verzögerung der Fertigstellung entstehen kann, kann allerdings enorm sein. Als mögliche Schadenspositionen kommen die Finanzierungskosten für das Bauvorhaben und/oder Mietausfälle in Betracht. Um der – bei Schadensersatzansprüchen üblicherweise hohen – Darlegungslast zu genügen, müsste der Auftraggeber eine Auskunft der Bank über die im Verzugszeitraum zusätzlich gezahlten Zinsen oder die mit der ursprünglich geplanten Fertigstellung beginnenden abgeschlossenen Mietverträge vorlegen.

In der Nachunternehmerkette sind die Risiken für den Unternehmer besonders unkalkulierbar. So ist in der Regel davon auszugehen, dass der Auftraggeber des Nachunternehmers im Verhältnis zu seinem Auftraggeber (z.B. Bauherr) eine gleichlautende Vertragsstrafenregelung vereinbart hat. Die Höchstgrenze der Vertragsstrafe ist bei diesem allerdings nicht auf 5% der Auftragssumme des Gewerks des Nachunternehmers, sondern auf 5% des Auftragswertes des Auftraggebers des Nachunternehmers begrenzt. Kommt es aufgrund einer Verzögerung bei der Fertigstellung des Gewerks des Nachunternehmens zu einer Verzögerung der Gesamtfertigstellung des Bauwerks, so kann die z.B. von einem Generalunternehmer verwirkte Vertragsstrafe die Vertragsstrafe des Nachunternehmers um ein Vielfaches übersteigen. Die vom Generalunternehmer verwirkte Vertragsstrafe kann dieser als Schaden an seinen Nachunternehmer weiterreichen, indem er die höhere Vertragsstrafe gegenüber dem Nachunternehmer als die Vertragsstrafe übersteigenden Schadensersatz geltend macht.

Weiterreichen einer verwirkten Vertragsstrafe an Subunternehmer

Voraussetzung ist jedoch, dass der Generalunternehmer seinen Nachunternehmer auf diese Möglichkeit hingewiesen hat. Macht er dies nicht, kann der Nachunternehmer dem Generalunternehmer ein Mitverschulden vorhalten (§ 254 Abs. 2 BGB).

Vorbehalt bei Abnahme    Die Vertragsstrafe kann nur geltend gemacht werden, wenn bei der Abnahme der Vorbehalt der Geltendmachung der Vertragsstrafe ausdrücklich erklärt und dementsprechend auch im Abnahmeprotokoll festgehalten worden ist (§ 11 Abs. 4 VOB). Wird das Werk hingegen im Abnahmetermin abgenommen und der Vorbehalt erst im Abnahmeprotokoll erklärt, kann die Vertragsstrafe nicht mehr geltend gemacht werden. Insofern sollte der Unternehmer ein solches, nachträglich erstelltes Abnahmeprotokoll nicht unterschreiben, da dieses den Anschein erwecken würde, als sei der Vorbehalt bei der Abnahme und damit rechtzeitig erklärt worden. Fordert keine der Parteien zur Abnahme auf, sondern zeigt der Unternehmer lediglich die Fertigstellung an und würden die Abnahmewirkungen nach § 12 Abs. 5 VOB/B eintreten (fiktive Abnahme), muss der Auftraggeber den Vorbehalt der Geltendmachung der Vertragsstrafe innerhalb der dort genannten Fristen erklären – 12 Werktage nach schriftlicher Anzeige der Fertigstellung der Leistung (§ 12 Abs. 5 Nr. 1 VOB/B) bzw. 6 Werktage nach Benutzung der (Teil-)Leistung (§ 12 Abs. 5 Nr. 2 VOB/B).

> Insofern reicht es nicht, wenn der Auftraggeber einen Einbehalt oder Abzug für die verwirkte Vertragsstrafe lediglich bei den Abschlagszahlungen vornimmt, den Vorbehalt der Geltendmachung der Vertragsstrafe jedoch bei der Abnahme der Bauleistung nicht wiederholt.

Verjährung des Anspruchs    Die Frage, wann ein Vertragsstrafenanspruch verjährt, ist noch nicht abschlie-
auf Vertragsstrafe    ßend geklärt. Nach früher wohl herrschender Auffassung stellte der Vertrags-
strafenanspruch lediglich einen Abrechnungsposten bei der Endabrechnung des Bauvorhabens dar, der nicht der selbständigen Verjährung unterlag. Dies dürfte mit der neueren höchstrichterlichen Rechtsprechung, wonach es keine „Verrechnung" gibt, nicht mehr vereinbar sein. Danach stehen sich Ansprüche aus dem Bauvertrag aufrechenbar und somit selbständig gegenüber.[78] Daher wird man davon ausgehen müssen, dass der Vertragsstrafenanspruch in der regelmäßigen Verjährungsfrist (3 Jahre) verjährt, § 195 BGB. Der Vertragsstrafenanspruch gehört auch nicht zu den Mängelrechten, so dass die Verjährungsfrist nicht erst mit der Abnahme zu laufen beginnt. Vielmehr beginnt die Verjährung am Ende des Jahres, in dem der Anspruch entstanden, d.h. das Unternehmen in Verzug geraten ist.

---

[78]   Vgl. hierzu BGH, Urteil vom 23.06.2005 – VII ZR 197/03, BauR 2005, 1477.

**Bauseits gestelltes Material**

Der Bodenbelag (Marmor) für Einfamilienhäuser soll gem. Vertrag ausschließlich vom Bauträger V geliefert werden. Handwerker H hat den
Auftrag den Bodenbelag gem. Vertrag *„bis zum 20. Juni fachmännisch
zu verlegen"*. Anfangen soll er, *„sobald das zu verlegende Material auf
der Baustelle eintrifft"*.

Assistent C des Projektleiters T von V nimmt am 03. Februar die Lieferung entgegen. Am 15. Februar wundert sich C, dass das Material noch
immer unberührt da steht.

C setzt H daraufhin in Verzug und verweist auf den Vertrag: „Bei nicht
fristgerechter Ausführung ist Schadensersatz gem. Anlage 7 zu leisten".

a) Wie beurteilen Sie die Situation?

b) Wie beurteilen Sie das Verhalten von C?

c) Wie beurteilen Sie die Schadensersatzforderung?

a) Die Formulierung *„sobald das zu verlegende Material auf der Baustelle
eintrifft "* ist nicht hinreichend, da H nicht weiß, wann dieser Zeitpunkt sein
soll.

b) C kann H nicht in Verzug setzen. Verzug setzt die **Fälligkeit der Werkleistung** voraus. Diese ist jedoch erst am 20. Juni fällig. C kann allenfalls die
Fälligkeit durch Geltendmachung des Abhilfeanspruchs gem. § 5 Nr. 3 VOB/B
herbeiführen. Erst wenn H seiner Abhilfepflicht nicht nachkommt, kann er in
Verzug gesetzt werden. Es bleibt auch noch die Frage, inwiefern C von T bevollmächtigt ist, H in Verzug zu setzen (Vollmachtsfrage).

c) Ein Schadensersatzanspruch gem. § 5 Abs. 4 VOB/B i. V. m. § 6 Abs. 6
VOB/B gegenüber H setzt ein nachweisliches Verschulden des H voraus. Am
zu späten Arbeitsbeginn dürfte aber V selbst nicht ganz unschuldig sein, was
einen Schadensersatzanspruch erschwert.

# 3.4.8    Behinderung und Unterbrechung der Ausführung

Trotz grundsätzlicher Fälligkeit der Leistung und Mahnung des Auftraggebers
kommt der Auftragnehmer nicht in Verzug, wenn er für die Fristverzögerung
Behinderungsgründe geltend machen kann. Diese führen dazu, dass die Leistung des Auftragnehmers zum vorgesehenen Zeitpunkt tatsächlich nicht fällig
wird (vgl. § 6 VOB/B).

Gem. § 6 Abs. 1 VOB/B werden Behinderungen nur berücksichtigt, wenn der Auftragnehmer diese dem Auftraggeber unverzüglich schriftlich anzeigt. Unterlässt der Auftragnehmer diese Anzeige, so finden hindernde Umstände nur dann Berücksichtigung, wenn

- die Behinderungstatsache offensichtlich und
- deren hindernde Wirkung dem Auftraggeber bekannt war.

**Vom AG zu vertretende Umstände**

Beispiele für vom Auftraggeber zu vertretende Umstände gem. § 6 Abs. 2 Nr. 1 lit. a) VOB/B[79]:

- verspätete Baugenehmigung
- fehlende Pläne
- mangelhafte Koordination
- Arbeitseinstellung auf Weisung des Architekten
- unvorhergesehene Mengenänderungen > 10 %, § 2 Abs. 3 VOB/B
- Baubeschreibung falsch (z. B. Wasserführung)
- fehlende Vorunternehmerleistung
- im Allgemeinen alle Verstöße gegen seine Mitwirkungspflichten

**Streik, Aussperrung** gem. § 6 Abs. 2 Nr. 1 lit. b) VOB/B:

Die Regelung gilt nicht nur für den Betrieb des Auftragnehmers selbst, sondern auch für den Streik oder eine Aussperrung bei Zulieferern und Nachunternehmen.

**Höhere Gewalt, Wetter** gem. § 6 Abs. 2 Nr. 1 lit. c) u. Nr. 2 VOB/B:

Hierunter fallen z.B. Brandstiftungen oder Erdbeben, nicht jedoch vorhersehbares Wetter. Nur unvorhersehbare Witterungseinflüsse, wie besonders harte Winter, heftige, nur alle 20 Jahre auftretende Regenfälle oder eine ungewöhnlich stark ausgeprägte Schlechtwetterperiode gehören hierzu. Regional abhängige Wetterlagen sind keine höhere Gewalt!

Die Rechtsfolge der Behinderung ist eine Verlängerung der Ausführungsfristen, wobei eine Vereinbarung darüber mit dem Auftraggeber (der Architekt ist i.d.R. nicht bevollmächtigt) zweckmäßig ist.

Die Bauzeit verlängert sich:

- um die Zeit der Behinderung,
- die Zeit des Wiederanlaufs[80] und
- um die etwaige Verschiebung in eine ungünstigere Jahreszeit.

---

[79] Ein Verschulden des Auftraggebers ist nicht erforderlich, es genügt, wenn die Behinderung aus der Sphäre des Auftraggebers kommt.

[80] OLG Köln, IBR 2003, 667.

Neben der Verlängerung der Ausführungsfristen hat der Auftragnehmer gem. § 6 Abs. 6 VOB/B bei Behinderung einen Anspruch auf Schadensersatz gegen den Auftraggeber. Voraussetzung ist aber:

- ein Verschulden des Auftraggebers und
- die schriftliche Geltendmachung der Behinderung gegenüber diesem.

Der Schadensersatzanspruch gegen den Auftraggeber umfasst:

- Kosten der Überwachung der Baustelle bei Stilllegung
- Löhne für nur für diese Baustelle bestimmtes Personal
- Baustellenräumung
- längere Vorhaltung der Baustelleneinrichtung
- Stillstandskosten der Baugeräte[81]
- Preis- und Lohnerhöhungen (auch wenn vertraglich im Übrigen ausgeschlossen)
- entgangenen Gewinn (nur bei Vorsatz und grober Fahrlässigkeit)

### Wieder bauseits gestelltes Material

Handwerker H beginnt mit der Verlegung des Bodenbelags. Nach der Hälfte der zu verlegenden Fläche hegt er Zweifel daran, ob die restliche Menge des gelieferten Materials noch für die ausstehende Fläche ausreicht.

H befragt den vorbeikommenden Assistenten C des Projektleiters T des Bauträgers V zu diesem Problem und bekommt zur Antwort, dass das schon passen wird. Am Ende stellt sich heraus, dass dem doch nicht so ist.

H fordert bei C mündlich weiteres Material an und weist darauf hin, dass er wegen dieses Umstandes nicht fristgerecht bis zum 20. Juni fertig werden wird. Nach Verstreichen der Fertigstellungsfrist wird H von V in Verzug gesetzt. H teilt V mit, dass er kein Verschulden an der Fristüberschreitung hat und fordert zudem Schadensersatz.

a. Wie beurteilen Sie die Situation?

b. Ist der Schadensersatz durchsetzbar?

a) Gem. § 4 Abs. 1 Nr.4 VOB/B hätte H spätestens nach der Aussage von C seine Bedenken gegenüber V schriftlich äußern müssen.

Die Inverzugsetzung des H ist aus Sicht von V rechtens, da Fälligkeit der Werkleistung nach dem Kalender bestimmt ist (20. Juni) und H verantwortlich zu sein scheint. Man kann nicht davon ausgehen, dass V durch C über das

---

[81] OLG Düsseldorf, IBR 2003, 238.

Gespräch mit H unterrichtet wurde. H hätte Bedenken und Behinderungsgründe schriftlich gegenüber V äußern müssen!

b) Ein Verschulden des V (unzureichende Menge an Material) scheint gegeben zu sein. Allerdings müssen nach § 6 Abs. 1 VOB/B Behinderungen schriftlich angezeigt werden, um Schadensersatzforderungen geltend zu machen.

### Schadensersatzforderung

Weil der Installateur I mit seiner vertraglich zugesicherten Leistung nicht termingerecht fertig wird, kann Trockenbauer T nicht beginnen. T will aus diesem Grund frühzeitig eine Fristverlängerung erwirken und Schadensersatz fordern, da er – seiner Meinung nach – nicht für den Verzug des I und somit auch nicht für den wahrscheinlich zu späten Ausführungsbeginn seiner eigenen Arbeiten verantwortlich ist.

a) Hat T überhaupt einen Schadensersatzanspruch?

b) An wen ist der Schadensersatzanspruch in erster Linie zu richten?

c) Worauf kann sich T berufen, um seine Fristverlängerung und den Schadensersatzanspruch durchzusetzen?

d) Wie sollte T vorgehen, damit er eventuelle Ansprüche nicht verwirkt?

a) Sofern für T ein unverschuldeter Schaden entsteht, ist der daraus resultierende Mehraufwand zu vergüten.

b) T muss den Anspruch an den Auftraggeber richten, da dieser folgende Mitwirkungspflichten hat:

- Bereitstellung des Baugrundstücks (des Arbeitsplatzes),
- Koordinierung der am Bau Beteiligten.

c) T kann sich hinsichtlich der Fristverlängerung auf § 6 Abs. 2 Nr. 1 lit. a) VOB/B beziehen. Ein Schadensersatzanspruch könnte sodann – bei Vorliegen der übrigen Voraussetzungen – nach § 6 Abs. 6 VOB/B gegeben sein.

d) T sollte unverzüglich schriftlich die Behinderung gegenüber dem Auftraggeber anzeigen (§ 6 Abs. 1 VOB/B). Des Weiteren hat T nicht nur in der Behinderungsanzeige, sondern auch durch sein Verhalten gg. dem Auftraggeber zu signalisieren, dass er Willens und in der Lage ist die Leistung zu erbringen (Mitarbeiter auf der Baustelle).

### Verspätete Pläne

Unternehmer P soll Garagen herstellen (inkl. aller erforderlichen Erdbauarbeiten). Aufgrund verspätet übergebener Pläne durch den Bauträger V, kann dieser jedoch nicht am 15.07. mit der Arbeit beginnen und will daher

Behinderungen gegenüber V geltend machen. Ausführlich und nachvollziehbar legt P dar, wann V die einzelnen Pläne hätte vorlegen müssen und
wann er sie tatsächlich ausgehändigt hat.

| Zu liefernde Pläne für | Erwartet | Eingegangen |
|---|---|---|
| Aufstellungsort der Garagen | – | 15.02.* |
| Bewehrung Fundamente | 15.07. | 20.07. |
| Mauerwerksarbeiten | 20.07. | 25.07. |
| Bewehrung Decke | 01.08. | ausstehend |
| Technische Einbauvorschriften Tore | 12.08. | ausstehend |

* Baubeginn der EFH

a) Ist diese Form ausreichend?

b) Wie hätten Sie dokumentiert?

a) Die beschriebene „Dokumentation" ist unzureichend, da nicht im Einzelnen
dargelegt wird, wann und in welcher Form P seine Arbeiten hätte ausführen
sollen. Z.B. konnte P am 15.07. (sofern das der vereinbarte Beginn gem. Vertrag ist) mit den Erdbauarbeiten beginnen, ohne die Bewehrungspläne für die
Fundamente zu haben, da er bereits seit dem 15.02. die Pläne für die Aufstel-
lungsorte der Garagen besaß.

b) P muss ausführlich darlegen, welche Arbeit er aus welchem Grund nicht
machen konnte und welche Konsequenzen sich für ihn daraus ergeben haben.
Eine reine Aufstellung von Daten ist nicht ausreichend!

Gem. § 6 Abs. 3 VOB/B gilt außerdem:

„Der Auftragnehmer hat alles zu tun, was ihm billigerweise zugemutet werden kann, um die Weiterführung der Arbeiten zu ermöglichen."

## 3.4.9    Art und Umfang der Leistung

Die auszuführende Leistung wird nach Art und Umfang durch den Vertrag
bestimmt. Als Bestandteil des Vertrags gelten neben der Beschreibung der
Leistung auch die Allgemeinen Technischen Vertragsbedingungen für Bauleistungen (VOB/C). Wie bereits in Kap. 2.2.3 näher erläutert, enthält § 1 VOB/B
eine Widerspruchsregelung zur Rangfolgenbestimmung.

### Trennwände

Im LV für die Erstellung der Wohnungen in den Mehrfamilienhäusern ist
u.a. die Ausführung von Trennwänden im Detail beschrieben. Die verein-

barte Ausführung erfüllt allerdings nicht die maßgeblichen Anforderungen an den Schall- und Brandschutz. Um dies zu erreichen, sind erhöhte Aufwendungen erforderlich.

Unternehmer P stellt dem Auftraggeber A die erhöhten Aufwendungen detailliert in Rechnung und verlangt deren Vergütung.

Auch A hält die Angaben für nicht ausreichend und hält Rücksprache mit dem Architekten.

Der Architekt versichert A, dass alles seine Richtigkeit hat. Somit beschließt A nicht zu zahlen.

a) Ist das Verhalten von A korrekt?

Einerseits erfasst der Werklohn nur die vereinbarte Herstellungsart. Andererseits schuldet P nicht nur die Ausführung der im LV beschriebenen Herstellungsdetails, sondern ein Leistungsergebnis, das den Regeln der Technik entspricht und funktionstauglich ist (§ 4 Abs. 2 Nr. 1 VOB/B) „Regeln der Technik").

Würde P die Leistung so ausführen wie im LV beschrieben, läuft er Gefahr eine mangelhafte Leistung zu erbringen. Aus diesem Grund muss P die zusätzlich erforderlichen Leistungen ausführen (§ 1 Abs. 4 VOB/B). Die Vergütung für die hierdurch entstehenden Mehrkosten richtet sich nach § 2 VOB/B.

In diesem Fall wäre es ratsam, wenn P vor Ausführung Bedenken gegenüber A anmeldet (§ 4 Abs. 3 VOB/B). Ordnet A daraufhin Zusatzleistungen an, so muss P seinen Anspruch auf besondere Vergütung ankündigen (§ 2 Abs. 6 VOB/B).

### Wieder Trennwände

Im LV für die Ausbauarbeiten der Wohnungen in den Mehrfamilienhäusern ist u.a. die Ausführung von Trennwänden im Detail beschrieben. Die vereinbarte Ausführung erfüllt allerdings nicht die maßgeblichen Anforderungen an den Schall- und Brandschutz. Um dies zu erreichen, sind erhöhte Aufwendungen erforderlich.

Unternehmer P führt die Arbeiten wie im LV gefordert aus.

Nach Fertigstellung der Arbeiten wird festgestellt, dass die Ausführung nicht den allgemein anerkannten Regeln der Technik entspricht. P soll die erbrachte Leistung unentgeltlich nachbessern.

a) Muss P die erbrachte Leistung nachbessern?

b) Hat P in diesem Fall Anspruch auf Vergütung ?

a) Der Auftraggeber hat Anspruch auf Nachbesserung, der P nachkommen muss. Somit ist P verpflichtet die mangelhafte Leistung nachzubessern.

b) Der Anspruch auf Ersatz der so genannten „Sowiesokosten", also des Aufwands, der P bei rechtzeitiger Bedenkenanmeldung zugestanden hätte, steht P zu diesem Zeitpunkt zu.

Schadensersatzanspruch und „Sowiesokosten"[82]:

„Der Anspruchsgegner eines Schadensersatzanspruchs darf wie auch der Auftragnehmer im Rahmen eines Gewährleistungsanspruchs nicht mit Kosten belastet werden, um die das Werk bei ordnungsgemäßer Ausführung von vornherein teurer geworden wäre (sogenannte Sowiesokosten). Das sind hier die Kosten, die für eine ordnungsgemäße Sicherung des in dieser Form vorgesehenen und geplanten steilen Hangs angefallen wären. Dazu gehören neben den hier notwendigen Baukosten die darauf entfallenden Statikerkosten, denn auch diese sind Kosten der neuen Konstruktion so, wie sie bei sachgerechtem Verhalten des Beklagten ohnehin erforderlich gewesen wären."

### Geschuldete Leistung

Bauunternehmer K bietet ein Einfamilienhaus für 350.000,- EURO an. Die zum Gegenstand des Vertrages gemachte **Baubeschreibung** sah als Kellerabgang „eine Treppenanlage bestehend aus Betonfertigteilstufen mit seitlicher Abmauerung" vor. In den gleichfalls dem Vertrag beigefügten **Grundriss-, Ansichts- und Schnittplänen** ist diese Außentreppe nicht ausgewiesen.

Die Vertragsparteien streiten darüber, ob die Treppe geschuldet ist.

Was meinen Sie?

Die Baubeschreibung stellt zusammen mit dem Leistungsverzeichnis die Leistungsbeschreibung dar. Diese steht nach § 1 Abs. 2 VOB/B über etwaigen Plänen und deren Inhalt. Mit § 1 Abs. 2 VOB/B greift die VOB/B allerdings in dispositive Regelungen des BGB ein (§§ 133 und 157) und ist somit unwirksam. Der Bauvertrag ist als „sinnvolles Ganzes" auszulegen. Bei Unklarheiten über nicht in Übereinstimmung zu bringende Vertragserklärungen hat sich die Auslegung zunächst an dem Vertragsteil zu orientieren, der die Leistung konkret beschreibt. Hier beschreibt das LV die Treppe im Detail. Daher sind die Grundriss-, Ansichts- und Schnittpläne nachrangig. K schuldet daher die im LV genannte Treppe.

---

[82]  BGH, Urteil vom 18.01.1990 – VII ZR 171/88, IBR 1990, 429.

Bei einem Einheitspreisvertrag oder Detail-Pauschalvertrag wird daher in der Regel die textliche Beschreibung der Leistung (das LV) Vorrang vor den Plänen haben. Das LV definiert hier den Leistungsinhalt und der Plan das „Wie" der Ausführung.

Umgekehrt ist es bei einem Global-Pauschalvertrag. In diesem Fall ist die Leistungsbeschreibung global, also allgemein abgefasst. Die Pläne hingegen zeigen die zu erbringende Leistung detaillierter.

Bei einem Widerspruch zwischen gleichrangigen Vertragsteilen geht der speziellere Vertragsteil dem allgemeinen Vertragsteil vor. Weiterhin ist nach § 133 BGB nach dem wirklichen Willen des Auftraggebers zu forschen. Der wirkliche Wille steht hierbei über dem tatsächlich Geschriebenen. Es kann daher davon ausgegangen werden, dass die Treppe dem wirklichen Willen des Auftraggebers entspricht, daher ist sie in jedem Fall herzustellen.

# 4 Mängelrechte

## 4.1 Die Haftung des ausführenden Bauunternehmers

Im Rahmen der Schuldrechtsmodernisierung (2002) hat der Gesetzgeber das Werkvertragsrecht dem Kaufrecht angepasst und bei beiden Vertragstypen einen einheitlichen Mangelbegriff zugrunde gelegt.[83] Dementsprechend haben nicht nur die §§ 633 ff. BGB, sondern auch § 13 VOB/B mit der Fassung VOB/B 2002 ein „neues Gesicht" erhalten. Dies wird bereits mit der neuen Überschrift des § 13 VOB/B („Mängelansprüche") deutlich, die die alte Überschrift („Gewährleistung") ersetzt hat.

Einheitlicher Mangelbegriff des Werkvertrags- und Kaufrechts

## 4.2 Mängelrechte nach § 13 VOB/B

Zwar entspricht § 13 VOB/B im Wesentlichen der gesetzlichen Regelung der §§ 633 ff BGB, enthält jedoch für die Mängelrechte und -ansprüche des Auftraggebers **nach Abnahme** in Teilbereichen eine abweichende Regelung, die insoweit abschließend ist und vorrangig vor den Mängelrechten und -ansprüchen der §§ 633 ff. BGB gilt. So steht dem Auftraggeber eines VOB-Vertrages – abweichend von den gesetzlichen Regelungen des BGB – kein Rücktrittsrecht zur Verfügung, und auch eine Minderung ist nur unter engen Voraussetzungen möglich.

Maßgeblicher Zeitpunkt für die Anwendbarkeit von § 13 VOB/B ist – bei wirksamer Einbeziehung – die Abnahme der Bauleistung.[84] Entsprechendes gilt für noch nicht erledigte Mängelbeseitigungsansprüche gemäß § 4 Nr. 7 VOB/B[85] sowie bei Kündigung des Bauvertrages.[86] Die Abnahme ist im Hin-

---

[83] BT-Drs 14/6040, 208.

[84] BGH, Urteil vom 06.05.1968 – VII ZR 33/66, NJW 1968, 1524; Urteil vom 22.02.1971 – VII ZR 243/09, NJW 1971, 838.

[85] BGH, Urteil vom 25.02.1982 – VII ZR 161/80, NJW 1982, 1524.

blick auf die Anwendbarkeit des § 13 VOB/B entbehrlich, wenn der Auftraggeber die Abnahme bestimmt und endgültig verweigert.[87]

## 4.3 Bedeutung der Abnahme

Die Abnahme ist beim BGB-Vertrag in § 640 Abs. 1 BGB geregelt:

**Wegen unwesentlicher Mängel kann die Abnahme nicht verweigert werden.**

„Der Besteller ist verpflichtet, das vertragsgemäß hergestellte Werk abzunehmen, sofern nicht nach der Beschaffenheit des Werks die Abnahme ausgeschlossen ist. Wegen unwesentlicher Mängel kann die Abnahme nicht verweigert werden. Der Abnahme steht es gleich, wenn der Besteller das Werk nicht innerhalb einer ihm vom Unternehmer bestimmten angemessenen Frist abnimmt, obwohl er dazu verpflichtet ist."

Nach § 12 Abs. 1 VOB/B gilt Folgendes:

„Verlangt der Auftragnehmer nach der Fertigstellung – gegebenenfalls. auch vor Ablauf der vereinbarten Ausführungsfrist – die Abnahme der Leistung, so hat sie der Auftraggeber binnen 12 Werktagen durchzuführen; eine andere Frist kann vereinbart werden."

Nach § 640 Abs. 1 BGB, § 12 Abs. 1 VOB/B bedeutet die Abnahme

- die (körperliche) *Entgegennahme* des vom Auftragnehmer erstellten Werkes sowie
- die *Billigung* des hergestellten Werkes „als im Wesentlichen vertragsgerecht"; vgl. BGH, Urteil vom 20.09.1984 – VII ZR 377/83, BauR 1970, 48, BGH, Urteil vom 15.11.1973 – VII ZR 110/71, BauR 1974, 67.

## 4.4 Abnahmewirkungen

**Fälligkeit der Schlussrechnung**

Die Abnahme ist Voraussetzung für die Fälligkeit der Schlussrechnung.

---

[86]  BGH, Urteil vom 19.12.2002 – VII ZR 103/00, NJW 2003, 1450.

[87]  BGH, Urteil vom 24.11.1969 – VII ZR 177/67, NJW 1970, 421; Urteil vom 30.09.1999 – VII ZR 162/97, NJW 2000, 133; OLG Düsseldorf, BauR 1980, 276; Kapellmann/Messerschmidt/Weyer VOB/B § 13 Rn 7 (vgl. 3. Auflage); Ingenstau/Korbion/Wirth VOB/B § 13 Nr 4 Rn 167; Nicklisch/Weick VOB/B § 13 Rn 89; mit Einschränkungen Beck'scher VOB-Kommentar/Motzke VOB/B § 13 Nr. 4 Rn 229.

Beim VOB/B-Vertrag ist *weitere* Fälligkeitsvoraussetzung die Erteilung einer Schlussrechnung durch den Unternehmer und der Ablauf der zweimonatigen Prüfungsfrist des § 16 Abs. 3 Nr 1 VOB/B (so BGH, Urteil vom 18.12.1980 – VII ZR 43/80, BauR 1981, 201), ebenso beim Architekten/Fachingenieur.

# 4.5     Die Abnahme nach § 12 VOB/B

Die Abnahme der Bauleistung stellt ein für beide Vertragspartner wichtiges Ereignis dar.

Die Abnahme ist insbesondere wesentliche Voraussetzung für:

- den Wechsel der Risikoverantwortung,
- den Wechsel der Beweislast,
- die Fälligkeit der Schlussrechnung und
- den Beginn der Gewährleistungsfrist.

Vor allem der Auftragnehmer wird großes Interesse daran haben, schnellstmöglich die Abnahme seiner Leistung zu erreichen. Denn mit der Abnahme geht das Risiko, dass die vom Auftragnehmer fertig gestellte Leistung oder Teilleistung durch Dritte wieder zerstört oder beschädigt wird, auf den Auftraggeber über.

Grundsätzliche Voraussetzung der Abnahme ist es, dass die Leistung abnahmereif ist, d.h. dass sie „funktioniert".

Zu unterscheiden sind die:

- **öffentlichrechtliche Bauabnahme**, bei welcher die Bauaufsichtsbehörde die Einhaltung der Bauvorschriften in baurechtlicher und bautechnischer Hinsicht überprüft und die
- **zivilrechtliche Bauabnahme**. Sie stellt den Gefahrübergang vom Bauunternehmer zum Bauherrn dar. Voraussetzung dafür ist die vertragsgemäße Fertigstellung und (im Wesentlichen) die Mangelfreiheit des Gebäudes oder einer erbrachten Bauausführungsleistung.

Im Folgenden wird nur die zivilrechtliche Bauabnahme betrachtet, da diese den Schwerpunkt in der Baupraxis darstellt. Die öffentlich-rechtlichen Bauabnahmen wurden zudem im Zuge mehrerer Bauordnungsrechtsnovellen in allen Bundesländern reduziert. Für den Großteil der Bauvorhaben finden nur noch stichprobenartige Kontrollen statt.

Abnahmearten und –formen

Unterschieden wird nach Art und Form der Abnahme. Abnahmearten sind in diesem Zusammenhang:

- Gesamtabnahme
- Teilabnahme
- Technische Abnahme

Die Gesamtabnahme stellt den Regelfall dar. Bei einer Teilabnahme kann der Auftragnehmer lediglich die Abnahme von in sich geschlossene Teilen verlangen. Von diesen rechtsgeschäftlichen Abnahmen zu trennen ist die sog. „technische Abnahme", welche lediglich die Feststellung des technischen Befundes des Werkes darstellt. Nicht zuletzt wegen ihrer geringen Wirkung ist der Architekt in aller Regel zur technischen Abnahme befugt und verpflichtet.

Die beschriebenen Abnahmearten werden in folgenden Abnahmeformen durchgeführt:

- Ausdrückliche Abnahme (auch erklärte Abnahme)
- Förmliche Abnahme (§ 12 Abs. 4 VOB/B)
- Konkludente Abnahme (Stillschweigende Abnahme nach § 12 Abs. 5 Nr. 2 VOB/B)
- Fiktive Abnahme (§ 12 Abs. 5 Nr. 1 VOB/B)

Erfolg der Abnahme in der Regel innerhalb von 12 Tagen

Nach Aufforderung hat die Abnahme – sofern nichts anderes vereinbart wurde – innerhalb einer Frist von 12 Tagen zu erfolgen. Bei der ausdrücklichen Abnahme erklärt der Auftraggeber ausdrücklich, dass er die Leistung abnimmt. Dies geschicht in der Regel im Rahmen einer förmlichen Abnahme.

Förmliche Abnahme

Die förmliche Abnahme geschieht in der Regel unter Anwesenheit von Auftragnehmer und Auftraggeber (Bauherr) oder dessen Vertreter (Architekt). Die förmliche Abnahme kann als einzige Abnahmeart bereits im Bauvertrag vereinbart werden, hier ist im Gegensatz zu allen anderen Abnahmearten der Termin für die Abnahme exakt bestimmbar (Beginn der Gewährleistungsfrist).

Die förmliche Abnahme wird aus Beweisgründen im Allgemeinen in einem Abnahmeprotokoll festgehalten. Das gibt dem Auftraggeber und dem Auftragnehmer die größtmögliche Rechtssicherheit. Nach § 12 Abs. 4 Nr. 2 VOB/B kann die Abnahme auch unter Abwesenheit des Auftragnehmers stattfinden, wenn der Termin vereinbart war oder eine angemessene Frist vom Auftraggeber gesetzt wurde.

Konkludente Abnahme

Eine konkludente bzw. stillschweigende Abnahme nach § 12 Abs. 5 Nr. 2 VOB/B erfolgt durch schlüssiges Handeln des Auftraggebers. Dies kann z.B. durch die vollständige Zahlung der Schlussrechnung (oder Teilschlussrechnung bei einer Teilleistung) oder Nutzung des Bauwerks durch den Auftraggeber der Fall sein.

Eine Bauleistung gilt als fiktiv abgenommen (§ 12 Abs. 5 Nr. 1 VOB/B), wenn   **Fiktive Abnahme**
bei Einhaltung der Voraussetzungen trotz schriftlichen Antrags des Auftragnehmers an den Auftraggeber auf Abnahme, der Auftraggeber die Abnahme
nicht innerhalb der vorgesehenen Frist durchführt. Dies gilt ebenso, falls nach
Zugang der Schlussrechnung an den Auftraggeber noch keine Abnahme erfolgt
ist.

Nimmt der Auftraggeber die Leistung ohne erfolgte Abnahme in Nutzung (z.B.
durch Bezug des Objekts), so gilt nach einer Frist von sechs Tagen die Leistung als abgenommen (Abnahmefiktion gem. § 640 Abs. 1 S. 3 BGB).

Das im Rahmen der Abnahme zu führende Abnahmeprotokoll sollte mindes-    **Abnahmeprotokoll**
tens den folgenden Inhalt aufweisen:

**„Förmliche Abnahme von Bauleistungen nach VOB Teil B § 12"**

- Benennung der Baumaßnahme mit Anschrift der Baustelle und Namen des
  Bauherren
- Adresse des Auftragnehmers
- Nummer und Datum des Bauvertrages
- Bezeichnung der abzunehmenden Leistung z. B. Rohbauarbeiten
- Benennung der Teilnehmer der Abnahme
- Datum des Beginns der Bauleistung und deren Fertigstellung
- Exakte Benennung der bei der Abnahme festgestellten Mängel
- Zeitlich angemessene Terminvorgabe für die Beseitigung der festgestellten
  Mängel
- Datum und Ort der Abnahme
- Unterschrift des Abnahmeprotokolls durch Auftraggeber und Auftragneh-
  mer oder deren Vertreter.

**Fassadensanierung**

Nach Ausführung einer Fassadensanierung zeigen sich eine ganze Reihe
von Mängeln, die allerdings isoliert betrachtet nicht erheblich sind. So
weist die Fassade u.a. einige Unebenheiten auf, vermittelt einen etwas
scheckigen, optisch nicht ganz einwandfreien Eindruck, und hat eine
Reihe von Anstrichschäden und Hohlstellen geringen Umfangs.

Der Gesamtaufwand zur Behebung dieser Mängel beträgt allerdings etwas mehr als 10% der vereinbarten Gesamtvergütung, welche der Auftragnehmer einfordert.

a) Gilt die Leistung als abnahmereif?

b) Kann der Auftragnehmer die Mehrkosten mit Recht in Rechnung stellen?

Wesentliche Mängel

Zu a) In der Gesamtheit betrachtet kann die Leistung nicht als abnahmereif betrachtet werden, da sie wesentliche Mängel aufweist. Wesentliche Mängel definieren sich durch Art, Umfang und Auswirkung. Dabei kommt es auch darauf an, inwiefern dieser Mangel die Funktion und die Sicherheit beeinträchtigt. In diesem Fall ist die „Summe" der isoliert betrachtet nicht erheblichen Mängel für eine sanierte Fassade als wesentlich einzustufen. Außerdem zeigen die Mehrkosten von über 10% des ursprünglich vereinbarten Preises, dass es sich hier um keinen unwesentlichen Mangel handeln kann, welcher im normalen Vergütungsrahmen liegt.

Zu b) Der Auftragnehmer ist verpflichtet den Mangel zu beseitigen. Eine Zusatzvergütung ist in diesem Fall ausgeschlossen.

### Absturzsicherung

Nach Fertigstellung von drei Mehrfamilienhäusern verweigert Bauträger A gegenüber dem Unternehmer P, während des gemeinsamen Abnahmetermins, die Abnahme der erbrachten Leistung. A begründet die Weigerung damit, das P die geschuldeten Absturzsicherungen (eine je Gebäude) nicht angebracht hat. P verweist darauf, dass die fehlenden Absturzsicherungen (2.500 Euro/Stück) in Bezug auf die Gesamtbauleistung von 800.000 Euro keinen wesentlichen Mangel nach VOB/B darstellen und will die Abnahme einfordern. Andernfalls will P rechtliche Schritte einleiten.

Kann A die Abnahme mit Recht verweigern? Begründen Sie Ihre Einschätzung!

Funktion und Sicherheit

A kann hier zu Recht die Abnahme verweigern, da sich ein wesentlicher Mangel nicht nur alleine anhand der Relation von Gesamtbaukosten und Nachbesserungskosten klassifizieren lässt, sondern auch immer eine Betrachtung in Bezug auf Funktion und Sicherheit stattfinden muss.

Die erbrachte Leistung führte nicht zum vertraglich festgelegten Erfolg. Die Gebrauchstauglichkeit des Gesamtobjekts ist in diesem Fall, durch das Fehlen der Absturzsicherung, erheblich eingeschränkt.

Würde A die Leistung in dieser Form abnehmen, würde sich daraus ein erhebliches Gefahrenpotenzial für Nutzer und Besucher ergeben. Im Falle eines Schadens und demnach im Falle einer zu erbringen Schadensersatzleistung wäre A nach der Abnahme haftbar.

### Wieder Absturzsicherung

Nach eingehender Besprechung des Sachverhaltes bzgl. der fehlenden Absturzsicherungen unterzeichnet Bauträger A das mit „Abnahmeprotokoll" überschriebene Dokument mit folgendem Zusatz:

„Der Auftraggeber erteilt die Abnahme des oben aufgeführten Gewerks, wenn folgender Mangel bis zum 12.02.2008 beseitigt ist: Fachgerechte und dem Vertrag entsprechende Anbringung der unter Position 37 des Leistungsverzeichnis für o.g. Objekt benannten Absturzsicherungen."

Kurze Zeit später fordert der Unternehmer P die Zahlung der erbrachten Leistung ein. Er argumentiert damit, dass A mit seiner Unterschrift die Abnahme erklärt habe.

Wie beurteilen Sie die Situation?

Die von A im Abnahmeprotokoll eingefügte Erklärung führt nicht zur Abnahme der Leistung. Diese Erklärung zeigt unmissverständlich, dass A (noch) gar keine Abnahmeerklärung abgeben wollte. Der Vorbehalt bringt lediglich zum Ausdruck, dass er die Beseitigung der genannten Mängel bis zum genannten Zeitpunkt erwartet. Gleichzeitig stellt er in Aussicht, nach Mängelbeseitigung die Abnahme zu erklären. Damit führt die Vorbehaltserklärung des A im „Abnahmeprotokoll" nicht automatisch mit der Mängelbeseitigung innerhalb der genannten Frist zur Abnahme.

**Vorbehalt wegen Leistungsmängeln**

Nach eingehender Besprechung des Sachverhaltes bzgl. der fehlenden Absturzsicherungen unterzeichnet Bauträger A das mit „Abnahmeprotokoll" überschriebene Dokument mit folgendem Zusatz:

„Die Abnahme erfolgt mit dem Vorbehalt wegen Leistungsmängeln."

Kurze Zeit später fordert Unternehmer P die Zahlung der erbrachten Leistung ein. Er argumentiert damit, dass A mit seiner Unterschrift die Abnahme erklärt habe.

Wie beurteilen Sie die Situation?

A stellt durch diese Erklärung nicht nur die Abnahme in Aussicht, sondern erklärt sie ausdrücklich. Der Vorbehalt bringt hier nur zum Ausdruck, dass A die Beseitigung der Leistungsmängel nach der Abnahme erwartet.

Ähnlich verhält es sich mit der Formulierung:

„Ergebnis der Abnahme:

Fachgerechte und dem Vertrag entsprechende Anbringung der unter Position 37 des Leistungsverzeichnis für o.g. Objekt benannten Absturzsicherungen sind noch zu leisten."

Will A keine Abnahme erklären, sollte er eindeutig zum Ausdruck bringen, dass er die Abnahme verweigert.

**Abnahme als maßgeblicher Zeitpunkt für die geschuldete Mangelfreiheit**

Der Auftragnehmer haftet für die Mängelfreiheit seiner Leistung im Zeitpunkt der Abnahme (§ 13 Abs. 1 VOB/B). Zeigt sich bei der Abnahme ein Mangel oder wird dieser später sichtbar, ist das Werk nicht mangelfrei bzw. vertragsgerecht erbracht. Dabei kommt es nicht darauf an, ob und inwieweit durch den Mangel ein Schaden verursacht wurde. Die Mängelrechte des § 13 VOB/B – wie auch die Rechte aus § 633 ff BGB – bestehen nämlich unabhängig vom Eintritt eines konkreten Schadens.[88]

Eine Leistung gilt als frei von Mängeln wenn:

- sie die vereinbarte Beschaffenheit hat (§ 13 Abs. 1 S. 2 VOB/B),
- oder (bei Fehlen einer Vereinbarung) die vertraglich vorausgesetzte Eignung besitzt (§ 13 Abs. 1 Nr. 1 VOB/B).
- Fehlen entsprechende Ausführungen, Vereinbarungen oder Hinweise im Vertrag, genügt für die Mangelfreiheit eine nach Art oder Leistung übliche Arbeit, die sich „für die gewöhnliche Verwendung eignet" (§ 13 Abs. 1 Nr. 2 VOB/B).

**Mangelhaftes Material und Unverhältnismäßigkeit**

Weist eine Bauleistung einen Mangel auf, der auf mangelhaftes Material zurückzuführen ist, kann der Auftraggeber grundsätzlich deren Beseitigung verlangen. In der Regel muss der Auftragnehmer dieses Material wieder ausbauen und durch mangelfreies ersetzen. Der Auftragnehmer kann dieses allerdings verweigern, wenn der entstehende Aufwand unverhältnismäßig hoch ist und stattdessen auf die Minderung der Vergütung verweisen. Unverhältnismäßig ist ein solches Verlangen gem. § 439 Abs. 3 BGB aber nur dann, wenn die Nacherfüllung für den Käufer wegen der geringen Bedeutung des Mangels nur einen unbedeutenden Vorteil darstellt.

Nach der Rechtsprechung liegt ein unverhältnismäßiger Aufwand vor, wenn:

- ein objektiv geringes Interesse des Auftraggebers an einer völlig mangelfreien Leistung vorliegt, und zusätzlich
- dem Auftragnehmer durch die Mangelbeseitigung ein ganz erheblicher, unangemessener Aufwand entstehen würde.[89]

**Unberechtigte Mängelrügen**

Nach der Abnahme ist es grundsätzlich Sache des Auftraggebers, etwaige Mängel am Bauwerk aufzuklären. Stellt sich bei der Mängelsuche heraus, dass der Auftragnehmer für den Mangel nicht verantwortlich ist, kann er Kosten für die Aufklärung gegenüber dem Auftraggeber geltend machen.

---

[88] Vgl. BGH, Urteil vom 24.10.1996 – VII ZR 98/94, BauR 1997, 129; OLG Brandenburg, BauR 2001, 283; OLG Köln, IBR 2005, 584.

[89] BGH, Beschluss vom 16.04.2009 – VII ZR 177/07, IBR 2009, 319.

**Regeln der Technik**

Für Mehrfamilienhäuser liefert und montiert der Fensterbauer F Kunst-
stofffenster und -türen. Die VOB/B ist vereinbart. Der Auftraggeber A
behauptet Mängel an den Terrassentüren, weil die Gefahr der Wasserhin-
terläufigkeit bestehe und verlangt die Anbringung von Z-Profilen.

F verlangt für diese „Zusatzleistung" Werklohn, weil er mangelfrei gearbeitet habe. Die eingebauten Türen entsprächen den Regeln der Technik
und den Angaben des Herstellers.

a) Sind die Türen tatsächlich mangelhaft und somit nicht vertragsgerecht?

b) Muss A dem F die „Zusatzleistung" vergüten?

a) Die erbrachte Leistung entspricht zwar den Regeln der Technik, doch schuldet der F auch ein funktionstaugliches Leistungsergebnis.

Gem. BGH ist eine Leistung nur dann vertragsgerecht,

„wenn sie die Beschaffenheit aufweist, die für den vertraglich vorausgesetzten
oder gewöhnlichen Gebrauch erforderlich ist. Im Rahmen der getroffenen
Vereinbarungen schuldet der Auftragnehmer ein funktionstaugliches und
zweckentsprechendes Werk"[90]

Somit ist eine von der vereinbarten und vorauszusetzenden Beschaffenheit
abweichende Leistung auch dann mangelhaft, wenn die Ausführung den für
diese Zeit anerkannten Regeln der Technik entspricht.

b) F muss daher das Z-Profil liefern und montieren. Eine Zusatzvergütung darf
er demnach allerdings (es sei denn es handelt sich um Sowiesokosten) nicht
verlangen.

*(Randnotiz: Regeln der Technik und Funktion)*

**Abgeplatzte Fliesenglasur**

Innerhalb des Ausbaus von Mehrfamilienhäusern werden in den Küchen
Bodenfliesen verlegt. Der Fliesenleger F kauft beim Baustoffhändler B
glasierte Steinzeugfliesen 1. Wahl, Abriebklasse 5. Nach dem Einbau
stellt sich heraus, dass die Glasur der Fliesen schon bei geringer Bean-
spruchung abplatzt. Deshalb ist ein Ausbau der Fliesen und anschließen-
des Neuverlegen erforderlich. Der Auftraggeber A verweigert im Vorfeld
die Zahlung von weiterem Werklohn für den Ein- und Ausbau.

---

[90]   BGH, Urteil vom 11.11.1999 – VII ZR 403/98, IBR 2000, 65.

F will die Kosten für den Ein- und Ausbau von B erstattet bekommen. B weigert sich und bietet nur einen Preisnachlass für die neuen Fliesen an.

a) Darf A die Zahlung von zusätzlichem Lohn verweigern?

b) Kann F von B die Zusatzkosten für den Ein- und Ausbau verlangen?

c) Kann F die Mängelbeseitigung wegen Unverhältnismäßigkeit verweigern?

a) A verweigert die Zahlung weiteren Werklohns zu Recht. F muss – um eine mangelfreie Leistung zu erbringen – seiner Nachbesserungspflicht nachkommen.

b) B hat die Kosten für den Aus- und Wiedereinbau mangelfreier Fliesen zu tragen. Da die Fliesen nicht der vereinbarten Beschaffenheit (Abriebklasse 5) entsprechen, gelten sie als mangelhaft. Zudem können Kosten für die De- und Montage von Einrichtungen etc. dazukommen. F kann gem. § 439 Abs. 1 BGB vom Baustoffhändler Nacherfüllung in Form der Beseitigung des Mangels verlangen (siehe Kap. 1.3.4).

c) F kann hier keine Unverhältnismäßigkeit einwenden, da die Fliesen nicht nur wertmäßig gering zu veranschlagende Schönheitsfehler aufweisen, sondern für einen Küchenboden völlig ungeeignet sind.

### Fußbodenheizung

Der Auftraggeber A fordert nach der Abnahme der Leistung wegen Durchfeuchtung des Bodens den Handwerker H unter Fristsetzung auf, Mängel an der von ihm installierten Fußbodenheizung zu beseitigen. H kündigt hierauf schriftlich eine Untersuchung der Anlage an und führt Folgendes aus:

„Sollte sich herausstellen, dass die Durchfeuchtung nicht durch die undichte Fußbodenheizung, sondern durch von uns nicht zu vertretende Gründe erfolgt, so werden Ihnen die Kosten für die Überprüfung einschließlich der entstehenden Fahrtkosten in Rechnung gestellt."

Die Fehlersuche ergab kein Verschulden des H an der Durchfeuchtung.

Kann H die Kosten für die Untersuchung von A mit Erfolg einfordern?

Der Vergütungsanspruch des H ist gerechtfertigt. Sein Schreiben, in dem er die Fehlersuche ggf. gegen Kostenerstattung ankündigt, stellt ein Vertragsangebot dar, das der Auftraggeber durch Inanspruchnahme der Arbeit stillschweigend angenommen hat. Somit liegt hier ein konkludenter Vertragsabschluss vor.

Damit ist A verpflichtet, nach Klärung der Mängelursache, die „übliche Vergütung" gem. § 632 Abs. 2 BGB an H zu zahlen:

„(2) Ist die Höhe der Vergütung nicht bestimmt, so ist bei dem Bestehen einer Taxe die taxmäßige Vergütung, in Ermangelung einer Taxe die übliche Vergütung als vereinbart anzusehen."

Mit dem Schreiben hat H sichergestellt, seine Kosten für die Nachforschung sicher erstatten zu bekommen.

### Hofpflasterung

Unternehmer P gönnt sich nach dem erfolgreichen Bau der Mehrfamilienhäuser eine neue Pflasterung seines Betriebshofs. Nach Fertigstellung der Arbeiten bemängelt P gegenüber dem Aufragnehmer F zu Recht nicht unerhebliche Farbdifferenzen, die außerhalb des Toleranzbereichs liegen.

Nachdem F einzelne Steine ausgetauscht hat, führte auch das nicht zu einem zufrieden stellenden Ergebnis.

P fordert von F eine komplette Neupflasterung der gesamten Fläche. Dieses verweigert F. Stattdessen bieten er dem P eine Minderung der Vergütung an. P will darauf nicht eingehen.

a) Wie schätzen Sie die Situation ein?

b) Kann P eine komplette Neupflasterung der gesamten Fläche fordern?

c) Muss sich P mit einer Minderung der Vergütung abfinden?

a) Eine Neupflasterung wäre für die Fläche eines Betriebshofs unverhältnismäßig. Wegen der geringen Bedeutung des Mangels (Optik) würde eine Neupflasterung nur einen unbedeutenden Vorteil darstellen. Zudem ist aber auch die Funktionsfähigkeit in keiner Weise beeinträchtigt, so dass ein funktionstaugliches und zweckentsprechendes Werk erstellt wurde.

b) Aus o.g. Grund kann P keine Neupflasterung von F verlangen.

c) Da keine besonderen ästhetischen Anforderungen gestellt sind, ist eine Minderung der Vergütung das Einzige, was der P vom F erwarten kann.

Sollen besondere Anforderungen an die Ästhetik gestellt werden, so empfiehlt es sich für den Auftraggeber, diese schon in der Ausschreibung deutlich auszuformulieren.

# 5    Kündigung
des Bauvertrages

Bauverträge werden vielfach vorzeitig abgebrochen. Auftraggeber beenden den Bauvertrag häufig deshalb, weil sie mit den Leistungen ihres Auftragnehmers nicht zufrieden sind. Umgekehrt versuchen Auftragnehmer ihrer Vorleistungspflicht dadurch zu entgehen, das sie ihrerseits „kündigen", z.B. weil die – aus ihrer Sicht bestehenden Zahlungspflichten – nicht erfüllt werden. Da es sich bei einer Kündigung aber in beiden Konstellationen um eine Willenserklärung mit weitreichenden Folgen handelt, sind die Kündigungsvoraussetzungen – insbesondere die formellen – jeweils vorab genau zu prüfen. Die Wirkungen einer unberechtigten „Kündigung" können gravierend sein. So führt eine unberechtigt ausgesprochene „Kündigung" des Auftragnehmers, der in Ausnahmefällen ein Kündigungsrecht hat, dazu, dass nun der Auftraggeber seinerseits den Bauvertrag – und zwar aus wichtigem Grund – kündigen kann.

Die Kündigung ist eine Willenserklärung mit weitreichenden Folgen.

Zudem stellt sich nach einer Kündigung für den Auftragnehmer regelmäßig die Frage, wie er seine Leistungen ordnungsgemäß abzurechnen hat. Nur dann hat er nämlich einen fälligen Vergütungsanspruch. Auf Abschlagsrechnungen kann er sich nicht mehr stützen.[91]

Die VOB/B ist auf Kooperation der Vertragsparteien ausgerichtet. Gleichwohl kann die Kündigung eines Bauvertrages sowohl vom Auftraggeber als auch vom Auftragnehmer ausgehen. Für den Auftragnehmer enthält nur die VOB/B – im Gegensatz zum BGB, das eine vom Auftragnehmer veranlasste Loslösung vom Vertrag nur in den Regelungen der §§ 648a, 643 BGB kennt (fehlende Mitwirkung bzw. nicht erbrachte Sicherheitsleistung) – einen eigenständigen Kündigungstatbestand (§ 9 VOB/B).

---

[91]    OLG Brandenburg, IBR 2005, 79.

# 5.1    Kündigung des Auftraggebers

## 5.1.1    Freie Kündigung

Arten der Kündigung

Nach § 8 Abs. 1 VOB/B kann der Auftraggeber bis zur Vollendung der Leistung den Vertrag jederzeit kündigen. Diese Regelung entspricht der gesetzlichen Regelung des § 649 S. 1 BGB. In beiden Fällen muss sich eine solche freie Kündigung nicht auf den gesamten Vertrag oder auf in sich abgeschlossene Teile der Leistung beziehen. Deshalb ist beispielsweise auch die freie Kündigung einzelner Positionen der vertraglich vereinbarten Leistungsbeschreibung möglich. Es steht somit im Belieben des Auftraggebers, sich durch einseitige Erklärung von seinem Vertragspartner zu trennen. Hierfür bedarf es weder bestimmter Gründe noch Fristsetzungen.

Kündigungsvoraussetzungen, die zu beachten wären, gibt es bei der „freien" Kündigung nicht. Einzige Beschränkung in zeitlicher Hinsicht ist die Vollendung, also die tatsächliche Fertigstellung der Leistung. Ist die Leistung fertig gestellt und nicht mit wesentlichen Mängeln behaftet, die den Auftraggeber zur Verweigerung der Abnahme nach Maßgabe des § 12 Abs. 3 VOB/B berechtigen würden, kann der Auftraggeber nicht mehr kündigen.

Die Rechtsfolge einer freien Kündigung bestimmt § 8 Abs. 1 Nr. 2 VOB/B. Danach steht dem Auftragnehmer die „vereinbarte Vergütung" zu. Er muss sich jedoch das anrechnen lassen, was er infolge der Aufhebung des Vertrages an Kosten erspart oder durch anderweitige Verwendung seiner Arbeitskraft und seines Betriebes erwirbt oder zu erwerben böswillig unterlässt (§ 649 BGB). Dem Auftragnehmer kommt also die volle Vergütung zu. Anspruchsmindernd ist nur das zu berücksichtigen, was dieser infolge der Beendigung des Vertrages an Kosten erspart hat oder durch anderweitige Verwendung seiner Arbeitskräfte erwerben kann.

Im Ergebnis hat diese Regelung zur Folge, dass der Auftraggeber oftmals den Großteil der vereinbarten Vergütung an das Bauunternehmen zu entrichten hat, obwohl der Auftragnehmer seine Leistung nicht mehr erbringen muss. Hinzu kommt, dass der Auftraggeber erhöhte Kosten infolge der Fertigstellung durch Drittunternehmen (Restfertigstellungsmehrkosten) nicht geltend machen kann. Aus Sicht des Auftraggebers sind die negativen wirtschaftlichen Konsequenzen einer freien Kündigung somit erheblich. Er sollte von diesem Recht deshalb nur in Ausnahmefällen Gebrauch machen. In einer Situation, in der ein Auftraggeber den Bauvertrag zu kündigen beabsichtigt, ist sein Hauptziel, dass ihm der Auftragnehmer Tatsachen für eine Kündigung aus wichtigem Grund liefert.

## 5.1.2      Außerordentliches Kündigungsrecht

Weitaus praxisrelevanter als eine freie Kündigung durch den Auftraggeber ist
die außerordentliche Kündigung bzw. Kündigung aus wichtigem Grund. Bei
Abwicklung eines Bauvorhabens kann sich sowohl für den Auftraggeber als
auch für den Auftragnehmer eine Situation entwickeln, die die gemeinsame
Fortsetzung des Bauvorhabens nicht mehr möglich oder unzumutbar macht.
Aus Sicht des Auftraggebers sind dies der Verzug des Auftragnehmers oder
Mängel. Aber auch der Auftragnehmer kann grundsätzlich zur außerordentlichen Kündigung gezwungen sein. Wichtigster außerordentlicher Kündigungsgrund ist regelmäßig der Zahlungsverzug des Auftraggebers. Ob er sich dann
allerdings auf die Regelung des § 9 VOB/B verlassen sollte, erscheint zumindest fraglich, denn liegen die Voraussetzungen nicht vor (z.B. weil eine prüfbare und damit fällige Rechnung fehlt), berechtigt diese Kündigung den Auftraggeber zur Kündigung aus wichtigem Grund.

*Besonders Praxisrelevant*

In der Praxis geht die Mehrzahl der außerordentlichen Kündigungen vom Auftraggeber aus. Nicht nur für den Auftragnehmer ist es deshalb wichtig, beurteilen zu können, ob eine Kündigung aus wichtigem Grund droht und – wenn sie
ausgesprochen wurde – ob sie berechtigt war. Ohne eine solche Kenntnis kann
der Auftragnehmer die weiteren Schritte nicht planen.

Die zentrale Regelung für eine außerordentliche Kündigung des Auftraggebers
ist § 8 Abs. 2 bis 4 VOB/B, wobei eine Kündigung nach § 8 Abs. 3 VOB/B die
größte praktische Bedeutung hat. Über das dort bestimmte Recht des Auftraggebers hinaus, den Bauvertrag bei Verzug des Auftragnehmers mit der Mängelbeseitigung zu kündigen, handelt es sich bei § 8 Abs. 3 VOB/B um eine
Generalklausel für den Fall grober Vertragsverletzungen des Bauunternehmens, auch wenn diese nicht ausdrücklich benannt sind.

Auftraggeber und Auftragnehmer müssen für eine wirksame Kündigung materielle und formelle Kündigungsvoraussetzungen beachten. Werden diese Voraussetzungen nicht gewahrt, ist die Kündigung unwirksam.

Eine Kündigung kann – lässt man den Sonderfall der freien Kündigung des
Auftraggebers (§ 8 Abs. 1 VOB/B bzw. § 649 S. 1 BGB) außer Betracht, nur
ausgesprochen werden, wenn ein Kündigungsgrund vorliegt. Dies erfordert
jeweils, dass der kündigenden Partei die Fortsetzung des Vertrages nicht mehr
zuzumuten ist. Da ein Werkvertrag auf die Kooperation der Parteien ausgerichtet ist (s.o.), ist eine Kündigung deshalb nur in eng begrenzten Ausnahmefällen
zulässig.

*Materielle Voraussetzungen*

Nach § 8 Abs. 2 VOB/B kann der Auftraggeber in der (drohenden) Insolvenz
des Auftragnehmers den Bauvertrag kündigen. Insoweit ist ausreichend, dass
ein Insolvenzverfahren über das Vermögen des Bauunternehmens beantragt,
ein solches Verfahren eröffnet oder dessen Eröffnung mangels Masse abge-

*Kündigung im Insolvenzfall*

lehnt wird. Ein Eigenantrag des Auftragnehmers ist in jedem Fall ausreichend. Ein Antrag eines Gläubigers des Auftragnehmers auf Eröffnung des Insolvenzverfahrens hingegen nur dann, wenn dieser zulässigerweise gestellt worden, d.h. wenn glaubhaft gemacht worden ist, dass beim Auftragnehmer ein Insolvenzgrund vorliegt (Zahlungsunfähigkeit, Überschuldung). Haben allerdings mehrere Bauunternehmen zur Abwicklung eines Bauvertrages eine sogenannte Arbeitsgemeinschaft (ARGE) gebildet und ist diese ARGE Vertragspartner des Auftraggebers, reicht es in der Regel nicht aus, wenn nur eines der ARGE-Mitglieder insolvent ist. Ein (wichtiger) Kündigungsgrund ist vielmehr nur dann anzunehmen, wenn es sich bei dem insolventen Bauunternehmen um das führende ARGE-Mitglied handelt und deshalb die Vertragserfüllung auch durch die übrigen ARGE-Mitglieder nicht mehr gesichert ist (z.B. dann, wenn der technische Geschäftsführer einer ARGE insolvent wird, der zugleich einen bedeutenden Anteil der Leistung ausführt).

Der § 8 Abs. 4 VOB/B gibt dem Auftraggeber auch im Fall von unzulässigen Wettbewerbsabreden ein außerordentliches Kündigungsrecht, wenn nach Vertragsschluss bekannt wird, dass das Bauunternehmen bei der Vergabe mit anderen Bietern eine unzulässige Preisabsprache getroffen hat. Unter unzulässigen Abreden sind alle aufeinander abgestimmten Verhaltensweisen zu verstehen, die eine Verhinderung, Einschränkung oder Verfälschung des Wettbewerbes bezwecken oder bewirken. Eine solche Kündigung wegen wettbewerbswidriger Absprachen kann allerdings nur innerhalb von 12 Werktagen (einschließlich Samstag) ab dem Zeitpunkt der Kenntnis des Auftraggebers erklärt werden (vgl. § 8 Abs. 4 S. 2 VOB/B).

Unabhängig davon kann ein Auftraggeber den Bauvertrag –diese Regelung gilt im Übrigen auch für das Bauunternehmen – (schriftlich) kündigen, wenn die Baustelle für länger als drei Monate stillsteht (vgl. § 6 Abs. 7 VOB/B).

Die größte praktische Bedeutung hat jedoch die Regelung des § 8 Abs. 3 VOB/B. Werden danach Mängel vor der Abnahme festgestellt und vom Auftragnehmer nicht innerhalb der gesetzten Fristen beseitigt werden (§ 4 Abs. 7 VOB/B), oder hat der Auftragnehmer ohne Zustimmung des Auftraggebers Nachunternehmer eingesetzt und innerhalb einer gesetzten Frist die Arbeiten nicht wieder im eigenen Betrieb aufgenommen (§ 4 Abs. 8 VOB/B) oder ist der Auftragnehmer mit der vertraglich vereinbarten Ausführung der Leistungen in Verzug, kann der Auftraggeber den Bauvertrag außerordentlich kündigen, wenn er dem Auftragnehmer zuvor eine Frist gesetzt und erklärt hat, das er dem Auftragnehmer nach fruchtlosem Fristablauf den Auftrag entziehe (§ 8 Abs. 3 VOB/B).

Mängel (§ 4 Abs. 7 VOB/B)  Bei Mängeln, die schon vor der Abnahme auftreten und vom Auftragnehmer nicht innerhalb der ihm gesetzten Fristen beseitigt werden, ist der Auftraggeber zur Kündigung berechtigt (§ 4 Abs. 7 VOB/B). Einer Mangelbeseitigungsaufforderung mit Fristsetzung bedarf es ausnahmsweise dann nicht, wenn der

Auftragnehmer zuvor die Mängelbeseitigung abgelehnt hat oder die Mängelbeseitigung unmöglich ist.

Der Auftragnehmer ist verpflichtet, die ihm obliegenden Leistungen selbst zu    Ungenehmigter
erbringen. Nachunternehmer dürfen grundsätzlich nur mit (schriftlicher) Zu-    Nachunternehmer-Einsatz
                                                                               (§ 4 Abs. 8 VOB/B) in der
stimmung (§ 4 Abs. 8 Nr. 1 VOB/B). Wird dies nicht beachtet, kann der Auf-      Regel nur mit Zustimmung
traggeber unter Fristsetzung verlangen, dass seiner Vertragspartner die Leis-
tungen selbst ausführt. Kommt das Bauunternehmen dieser Aufforderung nicht
innerhalb der Frist nach, stellt dies einen außerordentlichen Kündigungsgrund
dar.

Ist der vertraglich vereinbarte Beginn der Ausführung verzögert worden, der    Verzug (§ 5 Abs. 4 VOB/B)
Auftragnehmer mit der Vollendung seiner Leistung in Verzug geraten oder
seiner Abhilfepflicht zur ausreichenden Stellung von Arbeitskräften, Geräten
oder Baustoffen (§ 5 Abs. 3 VOB/B) nicht hinreichend nachgekommen, kann
der Auftraggeber auch insoweit eine Nachfrist setzen und nach fruchtlosem
Ablauf das Vertragsverhältnis außerordentlich kündigen.

Allerdings ist zu beachten, dass der Verzug des Auftragnehmers von diesem
verschuldet sein und die Fristsetzung des Auftraggebers nach Verzugseintritt
erfolgen muss. Die Fristsetzung selbst muss sich auf die Erbringung der notwendigen Leistungen richten. Nur ausnahmsweise genügt es, wenn der Auftraggeber dem Bauunternehmen eine Erklärung abverlangt, dass er fristgerecht
leisten werde.

Als weiterer Kündigungsgrund steht dem Auftraggeber das Recht zu, einen       Überschreitung des
Vertrag zu kündigen, wenn der Auftragnehmer einen Kostenanschlag im Auf-      Kostenanschlages
trag des Auftraggebers erstellt hat und das Bauwerk nicht ohne eine wesentliche Überschreitung des Kostenanschlages ausgeführt werden kann. Voraussetzung nach § 650 BGB ist, dass dem Vertrag ein Kostenanschlag zugrunde
gelegt wurde, aus dem sich eine Berechnungsgrundlage für die voraussichtlich
für ein Bauvorhaben entstehenden Kosten ergibt. Das Kündigungsrecht des
Auftraggebers entsteht, wenn dieser Kostenanschlag „wesentlich" überschritten wird. Feste prozentuale Grenzen der Überschreitung gibt es nicht. Vielmehr
kommt es auf den konkreten Einzelfall an. Dabei ist der kalkulierte Endpreis
mit dem dann zu erwartenden tatsächlichen Endpreis zu vergleichen. In der
Literatur hat es verschiedene Bewertungen gegeben, wann von einer wesentlichen Überschreitung gesprochen werden kann. Als „Faustformel" wird teilweise eine Überschreitung von 10 % angenommen.[92]

Neben den in § 8 VOB/B benannten außerordentlichen Kündigungsgründen        Weitere (ungeschriebene)
können weitere, ungeschriebene Umstände eine außerordentliche Kündigung      Kündigungsgründe
begründen. Voraussetzung ist jedoch jeweils, dass es sich um eine schwerwie-

---

[92]   Englert/Motzke/Wirth, BGB Kommentar zum Bauvertragsrecht, § 650 Rn. 14 m.w.N.; dage-
       gen Oberhauser, in: Messerschmidt/Voit, Privates Baurecht, 2008, § 650 Rn. 10.

gende Vertragsverletzung des Auftragnehmers handelt und dem Auftraggeber eine Fortsetzung des Bauvorhabens nicht zuzumuten ist.[93] Insoweit handelt es sich um eng begrenzte Ausnahmefälle. Einzelheiten sind höchst umstritten. So wird vertreten, dass der Auftraggeber eines BGB-Vertrages nach der Schuldrechtsmodernisierung (2002) überhaupt kein außerordentliches Kündigungsrecht (mehr) habe, da der Gesetzgeber die Lücke (im BGB ist nur die „freie" Kündigung gesetzlich geregelt, § 649 S. 1 BGB) gekannt und sie gleichwohl nicht durch eine gesetzliche Regelung des außerordentliches Kündigungsrechts gefüllt habe. Alternativ wird – neben § 314 BGB, der nur für Dauerschuldverhältnisse gilt und auf Bauverträge wohl nicht anwendbar sein dürfte – vertreten, die Regelungen für den Rücktritt (§ 323 Abs. 4 BGB) analog anzuwenden.

Angesichts dieser Unklarheiten kann jedenfalls nur empfohlen werden, keineswegs vorschnell auf mögliche ungeschriebene Kündigungsgründe abzustellen und sich hierauf zu verlassen.

## 5.2 Kündigung des Auftragnehmers

**Kein freies Kündigungsrecht für Auftragnehmer**

Im Gegensatz zum Auftraggeber steht dem ausführenden Bauunternehmen kein freies Kündigungsrecht zu. Sofern nicht außerordentliche Kündigungsgründe vorliegen, ist das Bauunternehmen deshalb zur Vertragserfüllung verpflichtet. Die beiden wichtigsten außerordentlichen Kündigungsgründe benennt § 9 Abs. 1 VOB/B. Danach ist eine außerordentliche Kündigung zulässig, wenn sich der Auftraggeber in Annahmeverzug mit einer Leistung des Bauunternehmens befindet oder eine fällige Zahlung nicht leistet.

### 5.2.1 Außerordentliches Kündigungsrecht des Auftragnehmers

Sowohl im BGB-Vertrag als auch im VOB-Vertrag hat der Auftragnehmer die Möglichkeit, den Vertrag aufgrund fehlender Mitwirkung des Auftraggebers, insbesondere bei Nichterbringung einer nach § 648a BGB verlangten Sicherheitsleistung, zu kündigen (vgl. S. 56 ff.). Eine weitere Möglichkeit der Vertragsbeendigung durch den Auftragnehmer besteht beim BGB-Vertrag nicht.

---

[93]   OLG Brandenburg, Urteil vom 15.01.2008 – 11 U 98/07, IBR 2008, 207 (Nichtzulassungsbeschwerde mit Beschluss vom 10.07.2008 – VII ZR 44/08 zurückgewiesen); BGH, Urteil vom 28.10.1999 – VII ZR 393/98, BauR 2000, 409; Urteil vom 23.05.1996 – VII ZR 140/95, BauR 1996, 704; Urteil vom 23.01.1975 – VII ZR 192/73, BauR 1975, 281; Urteil vom 21.03.1974 – VII ZR 139/71, BauR 1974, 274.

Im VOB-Vertrag benennt § 9 Abs. 1 VOB/B die beiden wichtigsten Gründe, bei deren Vorliegen der Auftragnehmer berechtigt ist, das Vertragsverhältnis zu kündigen. Dies ist der Fall,

- wenn der Auftraggeber eine ihm obliegende Handlung unterlässt und dadurch den Auftragnehmer außer Stande setzt, die Leistung auszuführen (Annahmeverzug nach §§ 293 ff. BGB) oder
- wenn der Auftraggeber eine fällige Zahlung nicht leistet oder sonst in Schuldnerverzug gerät.

Hintergrund dieser Kündigungsmöglichkeiten ist die Tatsache, dass auch der Auftraggeber – nicht nur beim VOB-Vertrag – eine ganze Reihe von Mitwirkungspflichten hat, die vor allem in den §§ 3, 4 VOB/B geregelt sind. Befindet sich der Auftraggeber insoweit in Verzug, hat Auftragnehmer ein außerordentliches Kündigungsrecht.

Folgende Umstände können einen Verzug begründen:

- fehlende Baugenehmigung (vgl. § 4 Abs. 1 Nr. 1 S.2 VOB/B),
- unterbliebener Abruf der Bauleistung,
- unterbliebene Übergabe von Ausführungsplänen,
- zu erwartende Mangelhaftigkeit der Leistung, wenn der Auftraggeber auf eine den Regeln der Technik widersprechende Ausführung besteht und
- sonstige in den §§ 3, 4 VOB/B genannten Fälle.

Der praktisch bedeutsamste Fall dürfte jedoch sein, dass der Auftraggeber sich mit einer Zahlung in Verzug befindet. Nach § 16 Abs. 1 Nr. 3 VOB/B hat der Auftraggeber während der Ausführungsphase Abschlagsrechnungen des Bauunternehmens binnen 18 Werktagen zu zahlen. Zahlt der Auftraggeber nicht innerhalb der Frist, obwohl er hierzu verpflichtet wäre, kann der Auftragnehmer nach § 16 Abs. 5 Nr. 3 VOB/B eine Nachfrist setzen und den Auftraggeber hierdurch in Verzug setzen. Der Auftragnehmer sollte jedoch Folgendes beachten: Es könnte sich später herausstellen, dass die Abschlagsrechnung tatsächlich nicht prüfbar[94] oder in dieser Höhe unberechtigt war (z.B. wegen nicht beauftragter „Nachträge") oder – was besonders schwer abzuschätzen ist –, dass das Werk Mängel im Zeitpunkt der Abrechnung aufwies. Denn in diesem Fall steht dem Auftraggeber ein Leistungsverweigerungsrecht zu, und zwar unabhängig davon, ob der Auftraggeber diese Mängel gerügt oder ob er davon wusste. Dies ist der wesentliche Unterschied eines – aufgrund des engen (synallagmatischen) Zusammenhangs zwischen Hauptleistung und Gegenleistung

---

[94] Hier wird man die Rüge der Prüfbarkeit verlangen müssen. Wie bei der Schlussrechnung, die nach Ablauf der 2-Monats-Frist fällig wird, wenn der Auftraggeber die fehlende Prüfbarkeit nicht innerhalb dieser Frist rügt, wird man dem Auftraggeber bei Abschlagsrechnungen die Möglichkeit der Rüge der fehlenden Prüfbarkeit binnen 18 Werktagen einräumen müssen (so auch Kapellmann/Messerschmidt, VOB Teile A und B, 3. Aufl. 2010, § 9 Rn. 32 f.

bestehenden – Leistungsverweigerungsrechts zu einem (einfachen) Zurück-
behaltungsrecht, das ausgeübt und damit bekannt sein muss.

### Kündigung bei Nichtbeauftragung eines Nachtrags?

Der Bauunternehmer B erstellt ein Nachtragsangebot für eine vom Architekten angeordnete geänderte Leistung. Der Auftraggeber A stellt sich
jedoch auf den Standpunkt, dass es bei dem vereinbarten Pauschalpreis
bleiben müsse. Dies ergebe sich aus § 2 Abs. 7 Nr. 1 Satz 1 der in den
Bauvertrag einbezogenen VOB/B. B weigert sich daraufhin, die geänderte
Leistung ohne Einigung über die Mehrvergütungspflicht auszuführen.

Zu Recht?

Verweigert A eine Einigung zur Vergütungsfähigkeit der angeordneten, geänderten (oder zusätzlichen) Leistung schon dem Grunde nach, hat der Auftragnehmer das Recht, die Ausführung zu verweigern.[95]

### 1. Variante

A bestreitet die Mehrvergütung zwar nicht dem Grunde nach. Die Vertragsparteien können sich jedoch nicht über die Höhe einigen. B weigert
sich gleichwohl, die geänderte Leistung auszuführen.

Ob B auch in diesem Fall ein Leistungsverweigerungsrecht zusteht, ist umstritten. Teilweise wird vertreten, nur die Verweigerung der Einigung dem
Grunde nach rechtfertige die Verweigerung, Uneinigkeit zur Höhe hingegen
nicht,[96] nicht zuletzt deshalb, weil der Auftragnehmer nach der Regelung des
§ 18 Abs. 5 VOB/B nicht berechtigt sei, die Arbeiten einzustellen.

Demgegenüber wird vertreten, auch eine fehlende Preiseinigung begründe ein
Leistungsverweigerungsrecht mit der Folge, dass B die Ausführung der Leistung verweigern könne.[97] Die Regelung des § 18 Abs. 5 VOB/B stehe dem
nicht entgegen, da der BGH nämlich bereits im Jahre 1996[98] entschieden habe,
dass § 18 Abs. 5 VOB/B weder der Geltendmachung eines gesetzlichen noch
eines in der VOB/B geregelten Leistungsverweigerungsrechts entgegenstehe.
BGB wie auch die VOB/B gewährten ein derartiges Leistungsverweigerungsrecht. Wer eine ihm obliegende Mitwirkung versage, habe die Einrede des
nicht erfüllten Vertrages (§ 320 BGB) gegen sich. Nach der VOB/B sei der

---

[95]  BGH, Urteil vom 13.03.2008 – VII ZR 194/06, BauR 2004, 613; BGH, Urteil vom
      13.03.2008 – VII ZR 194/06, BauR 2008, 1131; Kuffer, ZfBR 2004, 110.

[96]  Kniffka/Koeble, Kompendium des Baurechts, 3. Aufl. 2008, 5. Teil Rn. 92; Kuffer, ZfBR
      2004, 110; OLG Brandenburg, BauR 2006, 529.

[97]  Kapellmann/Messerschmidt, VOB Teile A und B, 3. Aufl. 2010, § 2 VOB/B, Rn. 205.

[98]  BGH, Urteil vom 25.01.1996 – VII ZR 233/94, BauR 1996, 378.

Auftraggeber verpflichtet, *vor* Ausführung eine „Vereinbarung der Vergütung" und nicht eine Vereinbarung nur zum Grunde des Vergütungsanspruchs zu treffen.

Dieser Meinungsstreit verdeutlicht, dass die Einstellung der Arbeiten häufig sehr riskant ist. Allerdings kommt es auf den Einzelfall an.

### 2. Variante

Nachdem die Preisverhandlungen gescheitert sind, entschließt sich B, nicht nur die Arbeiten einzustellen, sondern A eine Frist zur Wiederaufnahme der Verhandlungen zu setzen und ihm anzudrohen, den Vertrag nach fruchtlosem Fristablauf zu kündigen. Die Frist verstreicht fruchtlos und B erklärt daraufhin die „Kündigung" des Bauvertrages. Darauf kündigt nun auch A den Vertrag.

Handelt es sich bei der Kündigung des A um eine „freie" Kündigung oder um eine solche aus wichtigem Grund?

Diese Konstellation veranschaulicht, welches Risiko der B mit seiner „Kündigung" eingegangen ist. Ihm steht ein solches Recht nämlich nur zu, wenn ihm wegen der fehlenden Preiseinigung nicht nur ein Leistungsverweigerungsrecht, sondern auch das Recht zustand, den Vertrag zu kündigen. Wird später – z.B. durch ein Gericht – festgestellt, dass das Verhalten des B (Einstellung der Arbeiten und/oder Kündigung) mit der Kooperationsverpflichtung der Vertragsparteien nicht vereinbar ist, würde dem B nicht nur das Recht zur Kündigung fehlen, sondern dessen Kündigung wäre zugleich ein wichtiger Grund für A, den Vertrag nun seinerseits zu kündigen. Diese Kündigung des A aus wichtigem Grund hätte jedoch weitreichende Folgen für B. Er könnte nämlich nur die tatsächlich ausgeführten Leistungen abrechnen (§ 8 Abs. 6 VOB/B). A könnte demgegenüber mit den Restfertigstellungsmehrkosten und weitergehenden Schadensersatzansprüchen aufrechnen. Unter der Voraussetzung, dass A an der Ausführung der gekündigten Bauleistungen aus den Gründen, die zur Entziehung des Auftrages geführt haben, kein Interesse mehr hat, kann er auf die weitere Ausführung verzichten und insgesamt Schadensersatz wegen Nichterfüllung verlangen (§ 8 Abs. 3 Nr. 2 S. 2 VOB/B). B hätte in diesem Fall etwaig erhaltene Abschlagszahlungen zurückzuerstatten und außerdem den dem Auftraggeber durch die Nichterfüllung entstandenen Schaden zu ersetzen.

Vor diesem Hintergrund sollte vor einer Kündigung des Auftragnehmers folgende Gesichtspunkte beachtet werden:

In der Regel ist die Weigerung eines Auftraggebers, ein konkretes Nachtragsangebot mit den darin enthaltenen Preisen zu beauftragen, kein ausreichendes Indiz dafür, dass das Vertrauensverhältnis der Parteien zerstört und dem Auftragnehmer die Fortsetzung des Vertrages nicht weiter zuzumuten ist. Ein (ungeschriebener) außerordentlicher Kündigungsgrund liegt in diesen Fällen in der Regel nicht vor. Etwas anderes gilt ausnahmsweise nur dann, wenn der Auftraggeber Verhandlungen über etwaige Nachtragsforderungen grundlos, d.h. bereits dem Grunde nach, verweigert. Ob und inwieweit eine Nachtragsforderung tatsächlich dem Grunde und der Höhe nach berechtigt ist, ist eine Frage des Einzelfall. Jedenfalls setzt dies voraus, dass dem Auftraggeber zuvor ein prüffähiges und nach Maßgabe der Urkalkulation aufgebautes Nachtragsangebot unterbreitet wurde.

## 5.3     Formelle Voraussetzungen

Neben den materiellen Voraussetzungen einer Kündigung (siehe S. 99) sind jeweils auch formelle Voraussetzungen zu beachten. Hierzu zählen das Setzen einer Nachfrist, die Kündigungsandrohung sowie die Schriftform der Kündigungserklärung selbst (§ 8 Abs. 5 VOB/B). Dies gilt sowohl für eine Kündigung durch den Auftraggeber als auch für eine Kündigung durch das Bauunternehmen.

**Nachfrist zur Vornahme der geforderten Handlung**

Erforderlich ist zunächst eine angemessene Nachfrist zur Vornahme der geforderten Handlung. Zwar ist die Anknüpfung an bestimmte Ereignisse möglich, gleichwohl sollte immer ein Datum gewählt werden. Mit der Nachfristsetzung ist jeweils die Kündigung bzw. Auftragsentziehung für den Fall des fruchtlosen Fristablaufs anzudrohen. Dabei müssen nicht zwingend die Begriffe „Kündigung" oder „Auftragsentziehung" verwendet werden, dennoch sollte sich die Androhung an der Formulierung der §§ 4 Abs.7, 4 Abs.8, 5 Abs.4 oder 9 Abs. 2 VOB/B orientieren.

Zudem muss die Kündigungserklärung selbst schriftlich erfolgen. Dies ist nach § 8 Abs. 5 VOB/B (bzw. nach § 9 Abs. 2 Satz 1 VOB/B bei der Kündigung des Auftragnehmers) zwingende Voraussetzung für die Geltendmachung etwaiger weitergehender Ansprüche. Dies gilt allerdings nicht für den BGB-Vertrag. Denn bei diesem kann die Kündigung mündlich oder auch konkludent erfolgen, etwa indem der Auftraggeber das Werk durch einen anderen Auftragnehmer fortführen bzw. beenden lässt.

Beim VOB/B-Vertrag ist hingegen die eigenhändige Unterschrift des Auftraggebers oder des Bauunternehmens bzw. deren bevollmächtigter Vertreter erforderlich. Die erforderliche Schriftform ist allerdings auch dann gewahrt, wenn die mit dieser Unterschrift versehene Kündigungserklärung per Telefax übermittelt wird (§ 127 Abs. 2 BGB).

# 5.4 Rechtsfolgen einer Kündigung

Die Rechtsfolgen einer Kündigung richten sich danach, ob alle formellen und materiellen Kündigungsvoraussetzungen eingehalten wurden.

Sind die formellen und materiellen Kündigungsvoraussetzungen des § 8 VOB/B eingehalten, kann der Auftraggeber vom Auftragnehmer die Mehrkosten der Ersatzvornahme verlangen. Der Erstattungsanspruch ermittelt sich in der Weise, dass von den Kosten der Ersatzvornahme für die infolge der Kündigung nunmehr durch einen Dritten erbrachte Leistung die Vergütung in Abzug gebracht wird, die dem Auftragnehmer nach dem gekündigten Bauvertrag zugestanden hätte, wenn er diese Arbeiten erbracht hätte.

*Kündigung aus wichtigem Grund*

Bei der Auswahl des Drittunternehmens muss der Auftraggeber allerdings seiner Schadensminderungspflicht nachkommen. Dies bedeutet zwar nicht, dass er längere Zeit nach dem günstigsten Drittunternehmen suchen muss. Wenn ihm mehrere gleichwertige Angebote vorliegen, darf er jedoch nicht das teuerste Drittunternehmen beauftragen. Gegenüber dem gekündigten Auftragnehmer hat er auch Anspruch auf Vorschuss für die voraussichtlichen Kosten der Ersatzvornahme.

Demgegenüber kann der Auftragnehmer nur die bis zur Kündigung erbrachten Leistungen abrechnen und erhält darüber hinaus keine Entschädigung. Allenfalls dann, wenn der Auftraggeber von seinem Recht nach § 8 Abs. 3 Nr. 3 VOB/B Gebrauch macht und auf der Baustelle vorhandenes Material, Geräte, Gerüste oder andere Baustoffe verwendet, erhält der Auftragnehmer hierfür eine zusätzliche angemessene Vergütung.

Fehlen die formellen oder materiellen Kündigungsvoraussetzungen gemäß § 8 Abs. 3 VOB/B, stellt sich die Frage, wie die Erklärung der „Kündigung" zu verstehen ist. Kann diese dann in eine „freie" Kündigung umgedeutet werden? Eine derartige Umdeutung ist zwar grundsätzlich möglich, setzt jedoch voraus, dass diese auch bei Kenntnis der Unwirksamkeit der Kündigung nach § 8 Abs. 2 bis 4 VOB/B gewollt war (§ 140 BGB). Im Jahre 2001 hatte der X. Zivilsenat des BGH für eine Umdeutung einer außerordentlichen Kündigung in eine freie Kündigung noch gefordert, dass diese dem tatsächlichen Willen des Erklärenden entspricht und dieser Wille erkennbar zum Ausdruck kommt.[99] Mit Urteil vom 24.07.2003 hat der VII. Zivilsenat hingegen klargestellt: Ob die außerordentliche Kündigung eines Bauvertrages auch als freie Kündigung nach § 649 Satz 1 BGB oder nach § 8 Abs. 1 Nr. 1 VOB/B verstanden werden könne, richte sich ausschließlich nach dem Inhalt der Kündigungserklärung. Die Kündigung eines Bauvertrages sei im Regelfall so zu verstehen, dass auch

*Fehlen von formellen oder materiellen Kündigungsvoraussetzungen*

---

[99] BGH, Urteil vom 26.07.2001 – X ZR 162/99, NZBau 2001, 621.

eine freie Kündigung gewollt sei. Wolle der Auftraggeber seine Kündigung nicht so verstanden wissen, müsse sich dies aus dem Inhalt der Kündigungserklärung ergeben.[100]

Allein aus dem Umstand, dass der Auftraggeber bei der Kündigung davon ausgehe und er das auch zum Ausdruck bringe, ihm stehe ein Recht zur außerordentlichen Kündigung zu, könne nicht geschlossen werden, er wolle nicht das Risiko einer Gegenleistung übernehmen. Die Kündigung stelle sich vielmehr unter Inkaufnahme dieses Risikos als eine durch § 649 Abs. 1 BGB geschaffene Möglichkeit dar, den Bauvertrag in jedem Fall zu beenden.[101]

Gilt die Kündigung jedoch als freie Kündigung gemäß § 8 Abs. 1 VOB/B bzw. § 649 S. 1 BGB, kann der Auftraggeber nicht mehr die Mehrkosten der Ersatzvornahme verlangen. Dem Auftragnehmer kommt demgegenüber die volle Vergütung zu; anspruchsmindernd sind lediglich die ersparten Kosten und der anderweitige Erwerb zu berücksichtigen.

Rechtsfolgen einer Kündigung des Auftragnehmers

Die Rechtsfolgen einer (wirksamen) Kündigung durch den Auftragnehmer ergeben sich aus § 9 Abs. 3 VOB/B. Danach können die bis zur Kündigung erbrachten Leistungen nach den vertraglich vereinbarten Preisen abgerechnet werden. Die erbrachten Leistungen sind dabei anhand eines Aufmaßes darzulegen; ist für die Leistung eine Pauschale vereinbart, so hat der Auftragnehmer den Anteil der bereits erbrachten Leistungen im Verhältnis zu den aufgrund der Kündigung nicht mehr zu erbringenden Leistungen auf Grundlage seiner Urkalkulation darzulegen.

Wegen der nicht erbrachten Leistungen gilt der gesetzliche Entschädigungsanspruch (§ 642 BGB), dessen Höhe sich nach der vereinbarten Vergütung richtet, von der nur die aufgrund der Kündigung ersparten Aufwendungen und dasjenige abzuziehen sind, was der Auftragnehmer anderweitig erwerben konnte. Umsatzsteuer fällt auf die Vergütung für nicht erbrachte Leistungen nicht an.

Die Schlussrechnung muss im Falle einer Kündigung grundsätzlich trennen zwischen der Vergütung für erbrachte und der für nicht erbrachte Leistungen. Diese Differenzierung muss sich deutlich – und zwar aus der Gliederung der Schlussrechnung – ergeben. Nur ausnahmsweise ist eine solche Trennung der Abrechnung zwischen erbrachter und nicht erbrachter Leistung nicht notwendig, wenn nur noch geringfügige Restleistungen offen sind und das Werk als so gut wie fertig gestellt anzusehen ist (z.B. 99 %).

---

[100]  BGH, Urteil vom 24.07.2003 – VII ZR 218/02, BGHZ 156, 82; NJW 2003, 3474; NZBau 2003, 665; ZfBR 2004, 41; ZflR 2003, 936.

[101]  BGH, Urteil vom 24.07.2003 – VII ZR 218/02, BGHZ 156, 82; NJW 2003, 3474; NZBau 2003, 665; ZfBR 2004, 41; ZflR 2003, 936.

# 6  Abrechnung und Zahlung

Besondere Relevanz für die Zahlung des Werklohns hat die prüffähige Ab-rechnung des Auftragnehmers gegenüber dem Auftraggeber. Elementare Grundlage für die Abrechnung und Zahlung des Werklohns ist das Vorliegen einer Abrechnung gem. § 14 VOB/B. Demnach hat der Auftragnehmer seine Leistungen übersichtlich aufzustellen, dabei die Reihenfolge der Posten einzu-halten und die in den Vertragsbestandteilen enthaltenen Bezeichnungen zu verwenden.

Die prüffähige Abrechnung

Erst bei Vorliegen einer prüffähigen Abrechnung wird auch der Werklohn fäl-lig.

## 6.1  Die Abrechnung nach Kündigung

Der Auftraggeber hat auf Grundlage von § 649 BGB das ausdrückliche Recht den Vertrag bis zur Vollendung des Werkes jederzeit zu kündigen.

### Vertragskündigung

Auftraggeber A hat eine Eigentumswohnung erworben und möchte diese von Grund auf Renovieren und Sanieren lassen. Für diese Arbeiten beauf-tragt er Auftragnehmer N. Die beiden vereinbaren vertraglich, dass die VOB/B gelten soll. Nachdem ein Teil der Arbeiten von N durchgeführt wurden trifft A seinen Bekannten B. Dieser bietet ihm an, die weitere Renovierung der Wohnung mit ihm zusammen durchzuführen. Da auch die finanziellen Mittel von A durch die Finanzkrise knapp geworden sind, nimmt er das Angebot von B an und kündigt N den Vertrag. N akzeptiert die Kündigung nicht und verlangt die von ihm kalkulierte Bausumme für die komplette Renovierung der Wohnung von A.

1) Kann der Vertrag mit N von A jederzeit gekündigt werden?

2) Hat N Anspruch auf die volle Bausumme?

A kann gem. § 8 Abs. 1 Nr. 1 VOB/B bzw. § 649 S. 1 BGB den Vertrag jederzeit kündigen.

N hat in diesem Fall nach § 8 Abs. 1 Nr. 2 VOB/B bzw. § 649 S. 2 BGB Anspruch auf die vereinbarte Vergütung. Er muss sich jedoch dasjenige anrechnen lassen, was er infolge der Aufhebung des Vertrages an Aufwendungen erspart oder durch anderweitige Verwendung seiner Arbeitskraft erwirbt oder zu erwerben böswillig unterlässt.

## 6.2 Abrechnung der erbrachten Leistungen

Die Abrechnung
der Bauleistung

Die Abrechnung der erbrachten Leistungen durch den Unternehmer erfolgt – abgesehen von Besonderheiten der jeweiligen Vertragstypen – durch Aufmaß (§ 8 Abs. 6 VOB/B).

Wie bereits erläutert, kann das Bauunternehmen ein Aufmaß der von ihm bis zur Kündigung erbrachten Leistungen verlangen. Diese Regelung gilt für sämtliche Kündigungsfälle des § 8 VOB/B, also sowohl für den Fall der freien als auch den Fall der außerordentlichen Kündigung. Verweigert der Auftraggeber ein gemeinsames Aufmaß, kann und muss das Bauunternehmen ein einseitiges Aufmaß fertigen und somit die von ihm erbrachte Leistung dokumentieren.

Materialien oder vorgefertigte Bauteile, die noch nicht auf die Baustelle geliefert und eingebaut sind, sind nicht als „erbrachte Leistung" zu qualifizieren. Infolgedessen kommt dem Bauunternehmen hierfür grundsätzlich kein Vergütungsanspruch zu. Eine Ausnahme wird von der Rechtsprechung nur dann gemacht, wenn die angefertigten Bauteile anderweitig nicht verwendbar, für den Auftraggeber uneingeschränkt tauglich und die Verwendung für den Auftraggeber zumutbar sind. Dies scheidet aber schon dann aus, wenn die Bauteile noch nicht auf die Baustelle angeliefert waren und sich der Auftraggeber somit kein Bild über deren Beschaffenheit und Eignung machen konnte.

## 6.3 Besonderheiten der jeweiligen Vertragstypen

Nachweis des Anteils
am Pauschalvertrag

Bei der Abrechnung eines gekündigten Pauschalvertrages sind Besonderheiten zu beachten. Hinsichtlich der Vergütung der erbrachten Leistungen muss das Bauunternehmen zunächst nachweisen, in welchem Verhältnis der Wert der erbrachten Leistung zu dem Wert der vereinbarten Gesamtleistung steht. Dieser Nachweis ist nur unter Zuhilfenahme der Urkalkulation zu führen. Besondere Schwierigkeiten ergeben sich regelmäßig dann, wenn eine entsprechende Kalkulation nicht vorliegt. In diesem Fall ist das Bauunternehmen gezwungen, nachträglich eine auf den Vertragspreis bezogene schlüssige Kalkulation vorzunehmen. Die Kalkulation muss dann die im Rahmen des Vertrages zu erbringenden Einzelleistungen und den auf sie entfallenden Vergütungsanteil an der Pauschale aufschlüsseln.

Bei einem Detail-Pauschalvertrag kann insoweit auf die bepreisten Einheitspreise des Leistungsverzeichnisses zurückgegriffen werden. Demgegenüber ist bei einem Global-Pauschalvertrag die Trennung der Abrechnung zwischen erbrachter und nicht erbrachter Leistung nur durch Offenlegung der Urkalkulation möglich, da auf ein Leistungsverzeichnis gerade nicht zurückgegriffen werden kann.

# 6.4 Abrechnung nicht erbrachter Leistungen

Wird der Bauvertrag vom Auftraggeber aus wichtigem Grund gekündigt, erhält der Auftragnehmer keine Vergütung für nicht erbrachte Leistungen. Anders ist dies im Falle einer „freien" Kündigung im Sinne des § 649 S. 1 BGB bzw. § 8 Abs. 1 VOB/B oder dann, wenn sich die außerordentliche Kündigung des Auftraggebers später als unwirksam herausstellen sollte. Ausgangspunkt der Abrechnung für nicht erbrachte Leistungen ist zunächst die volle Vergütung.

# 6.5 Einheitspreisvertrag

Bei einem Einheitspreisvertrag bestimmt sich die nicht erbrachte Leistung anhand der vereinbarten Preise für die einzelnen Positionen. Sofern die Leistung bezüglich einzelner Positionen nicht komplett ausgeführt wurde, obliegt es dem Auftragnehmer, seine Kalkulation hinsichtlich der nicht vollständig erbrachten Einzelposition offen zu legen. Auf dieser Grundlage ist dann der Vergütungsanteil für die nicht erbrachte Leistung dieser Position zu ermitteln.

Hinsichtlich der abzurechnenden Menge sind die Mengenvordersätze aus dem Leistungsverzeichnis maßgeblich. Eine höhere Menge kann ausnahmsweise nur dann berücksichtigt werden, wenn feststeht, dass die höhere Menge bei Durchführung des Vertrages tatsächlich angefallen wäre. Dasselbe gilt für geänderte und/oder zusätzliche Leistungen.

## 6.6      Pauschalpreisvertrag

Schwieriger gestaltet sich die Abrechnung der Vergütung für nicht erbrachte Leistungen bei einem Pauschalvertrag, insbesondere beim so genannten Global-Pauschalvertrag. Insoweit ist zunächst der Vergütungsanteil für die bis zur Kündigung erbrachten (Teil)Leistungen zu ermitteln. Der danach verbleibende Teil steht grundsätzlich dem Auftragnehmer als Vergütung für die nicht erbrachte Leistung zu.

Diese Berechnung ist allerdings nur der Ausgangspunkt für die Berechnung der Vergütung für die nicht erbrachten Leistungen. Denn dem Auftragnehmer obliegt es, hiervon die ersparten Aufwendungen abzuziehen. Diese Darlegungsverpflichtung obliegt dem Auftragnehmer, ohne dass dies der Auftraggeber einwenden müsste. Abzuziehen von der vertraglich vereinbarten Vergütung sind also diejenigen Kosten, die aufgrund der Nichtausführung der Leistung infolge der Kündigung entfallen sind. Hintergrund ist, dass der Auftragnehmer nach Kündigung nicht besser und nicht schlechter stehen soll als er bei vollständiger Ausführung des Vertrages gestanden hätte.

Dies hat zur Folge, dass die ersparten Aufwendungen – ebenfalls anhand der Urkalkulation – darzulegen sind. Im Falle eines Pauschalvertrages hat der Auftragnehmer die ersparten Aufwendungen sogar positionsbezogen zu ermitteln. Es ist dem Bauunternehmen daher nicht möglich, hinsichtlich der ersparten Aufwendungen auf allgemeine Betriebsergebnisse oder pauschale prozentuale Ansätze abzustellen. Zu den ersparten Aufwendungen zählen die baustellenbezogenen Gemeinkosten, soweit sie nicht bereits für die erbrachten Leistungen aufgewendet wurden, und die leistungsbezogenen Kosten (z.B. Material-, Lohn- und Regiekosten), deren Anteil anhand jeder einzelnen Position konkret auszuweisen ist. Pauschale „cirka"-Angaben genügen hingegen nicht.

Zuschläge für die allgemeinen Geschäftskosten sowie der Gewinn gehören hingegen nicht zu den ersparten Aufwendungen. Soweit der Auftragnehmer einen Zuschlag für Wagnis kalkuliert hat, ist dieser Anteil ebenfalls als erspart abzuziehen, da sich infolge der Kündigung ein Wagnis nicht mehr realisieren kann. Nach § 649 S. 3 BGB wird vermutet, dass dem Unternehmer 5 % der auf den noch nicht erbrachten Teil der Werkleistung vereinbarten Vergütung zustehen.

Eine differenzierte Darstellung der Einzelpositionen ist in Ausnahmefällen entbehrlich, wenn der Auftragnehmer bei allen Positionen einen einheitlichen Aufschlag auf die Herstellungskosten kalkuliert hat und sämtliche Herstellungskosten als ersparte Aufwendungen abgezogen werden. Auch dies muss allerdings im Streitfall anhand einer Urkalkulation nachgewiesen werden.

Stellt sich bei der Abrechnung allerdings heraus, dass der Auftragnehmer mit Verlust kalkuliert hat und die ersparten Aufwendungen letztlich höher sind als die vereinbarte Vergütung, erhält er keine Vergütung für die nicht erbrachten Leistungen. Allerdings muss er sich den Saldo auch nicht bei der Vergütung für erbrachte Leistungen in Abzug bringen lassen.

Schließlich muss sich der Auftragnehmer das anspruchsmindernd anrechnen lassen, was es durch anderweitigen Erwerb erlangt hat oder hätte erlangen können. Dies gilt allerdings nur dann, wenn zwischen der Kündigung und der gewinnbringenden anderen Tätigkeit ein kausaler Zusammenhang besteht. Insofern muss der Auftragnehmer ausschließlich durch die Kündigung in die Lage versetzt worden sein, den anderen Auftrag auszuführen. Die Aufträge, die der Auftragnehmer ohnehin abgeschlossen hätte und mit denen er nur aufgrund der Kündigung zu einem früheren Zeitpunkt begonnen hat, sind somit nicht als „Füllaufträge" zu werten und damit anspruchsmindernd zu berücksichtigen.

Rechnet der Auftragnehmer nicht durch eine zweigeteilte Rechnung ab, setzt er sich der Gefahr aus, dass der Auftraggeber die fehlende Prüfbarkeit der Abrechnung rügt. Unabhängig davon wird der Auftragnehmer ohne Aufteilung der Rechnung in erbrachte und nicht erbrachte Leistungen nicht in der Lage sein, die Werklohnforderung – gegebenenfalls gerichtlich – durchzusetzen.

Auch nach erfolgter Kündigung ist die Abnahme Fälligkeitsvoraussetzung für den Werklohnanspruch.[102]

*Abnahme als Fälligkeitsvoraussetzung*

---

[102] BGH, Urteil vom 11.05.2006 – VII ZR 146/04, BauR 2006, 1294.

# 7 Aufgaben zum Selbststudium

## 7.1 Aufgaben

Die in diesem Kapitel dargebotenen Aufgaben sollen der selbständigen Auseinandersetzung mit den in diesem Buch behandelten Themen geben. Vorteilhafterweise sollen die im Anschluss dargestellten Lösungsskizzen erst nach einer ausreichenden Bearbeitung der Aufgabe eingesehen werden. Die Lösungsskizzen sollen als Hilfs- und Leitlinie für die eigene Argumentation dienen und stellen keine allumfassende Auseinandersetzung dar.

### Aufgabe 1

B (Auftraggeber) möchte für sich auf einem von ihm bereits erworbenen Grundstück ein Einfamilienhaus errichten lassen. Er kennt den U (Auftragnehmer), der in seiner Stadt ein Bauunternehmen betreibt.

Bitte beschreiben Sie – auch unter Angabe der einschlägigen Paragraphen -, wie der sog. „Bauvertrag" zustande kommt. Was kann und sollte alles in diesen Vertrag mit einbezogen werden?

### Aufgabe 2

B (Auftraggeber) und U (Auftragnehmer) haben einen Vertrag über die Errichtung eines Hauses geschlossen. Im Laufe der Bauarbeiten kommt es zum Streit über die Frage, wann das Haus fertig gestellt sein sollte. B beruft sich auf eine Regelung des BGB, wonach die Leistung sofort zu erbringen ist. U verweist auf die – tatsächlich – in einem Bauzeitenplan enthaltenen Einzelfristen, die zeitlich nacheinander gestaffelt sind. Diesen Bauzeitenplan hatten beide Parteien ausdrücklich bei Vertragsschluss vereinbart. U verweist dabei auf die VOB/B.

Auf welche Regelung will sich U stützen?

Was ist – grundsätzlich – Voraussetzung dafür, dass U sich auf diese Regelung berufen kann?

**Aufgabe 3**

B (Auftraggeber), der nun wissen will, ob die damals im Bauzeitenplan vereinbarten Ausführungsfristen gelten, wendet sich nun an seinen Rechtsanwalt mit der Bitte um Überprüfung.

Nennen Sie bitte die Normen, die der Rechtsanwalt daraufhin prüfen wird.

Was ist insbesondere zu beachten, wenn B ein sog. „Verbraucher" i. S. des BGB und U (Auftragnehmer) „Verwender" ist? Nennen Sie auch die Regelung, aus der sich dies ergibt.

Wie kann es sich auswirken, wenn der Vertragspartner des Verwenders Verbraucher ist, dieser aber selber im Baugewerbe tätig ist bzw. sich durch einen erfahrenen Fachmann vertreten lässt?

**Aufgabe 4**

Es gibt eine rechtsgeschäftliche Abnahme (Zivilrecht) und eine öffentlich-rechtliche Abnahme. Bitte beschreiben Sie kurz, um was es dabei jeweils geht.

Wo ist die rechtsgeschäftliche Abnahme im BGB bzw. in der VOB/B geregelt und wie ist sie definiert?

**Aufgabe 5**

B (Auftraggeber) und U (Auftragnehmer) vereinbaren einen Termin zur Abnahme. Dabei fällt dem B auf, dass die Türklinke an der Haustür fehlt, woraufhin er die Abnahme gegenüber U verweigert.

Die Abnahme hat in verschiedener Hinsicht Bedeutung. Nennen Sie bitte die einzelnen Bedeutungswirkungen. Kann der B die Abnahme gegenüber U verweigern? Bitte begründen Sie Ihr Ergebnis.

**Aufgabe 6**

A und C haben einen Vertrag über die Errichtung eines Einfamilienhauses unter wirksamer Einbeziehung der VOB/B in der aktuellen Fassung geschlossen. Sie vereinbaren einen sog. „Einheitspreisvertrag".

Nach welcher Bestimmung der VOB/B regelt sich, was der Auftragnehmer bei seiner Abrechnung bei dem Einheitspreisvertrag zu beachten hat?

## Aufgabe 7

Basierend auf einem Leistungsverzeichnis ist die Erstellung von Mauerwerk angegeben, das in einer Position mit einem Vordersatz von 100 m³ angegeben ist. Ohne nachträgliche Änderung des Leistungsumfanges wird beim Aufmaß eine Menge von 130 m³ ermittelt. Der Auftragnehmer verlangt die Mehrkosten als Nachtrag.

Mit welchen Normen der VOB/B arbeiten Sie jetzt und wie entscheiden Sie im Fall?

## Aufgabe 8

D (Auftraggeber) und E (Auftragnehmer) haben einen Bauvertrag über ein Haus geschlossen. Sie haben die VOB/B wirksam einbezogen. D weist E an, den Bauentwurf zu ändern. Anstatt der ursprünglich zu verputzenden Außenwand soll nun auf Wunsch des D eine Klinkerverblendung erstellt werden. Dadurch erhöhen sich die Kosten. E macht einen Nachtrag geltend.

Wo ist dieser Fall geregelt, und ist E zur Nachtragserhebung berechtigt?

## Aufgabe 9

Wo ist im BGB und in der VOB/B der Mangelbegriff geregelt? Erläutern Sie die Systematik des Mangelbegriffes anhand der Vorschrift im BGB. Nennen Sie die Mängelrechte sowohl im BGB, als auch in der VOB.

## Aufgabe 10

Durch Ablauf der Vertragsfrist tritt Fälligkeit der Werkleistung ein, jedoch noch kein Verzug. Welche drei Kriterien müssen zur Verzugsetzung erfüllt sein?

# 7.2    Lösungsskizzen

### Zu Aufgabe 1

Hier soll auf jeden Fall festgestellt werden, dass dieser Bauvertrag grundsätzlich der im BGB geregelte Typ „Werkvertrag" (§ 631 ff. BGB) ist. Dieser Vertrag, so muss es mindestens auch dargestellt werden, kommt durch Angebot und Annahme (§ 145 ff. BGB) zustande. Eine ausführliche Antwort wäre es, wenn zudem an die Übersendung der Baubeschreibung ggf. mit einem Leistungsverzeichnis durch den Bauunternehmer gedacht wird. Die Übersendung

der Baubeschreibung wäre dann zunächst die Aufforderung, ein Angebot abzugeben, also noch vor dem eigentlichen Angebot anzusiedeln. Im Falle der
funktionalen Ausschreibung würde dann der Bauunternehmer die Erstellung
des Leistungsverzeichnisses übernehmen und dann mit Übergabe des erstellten
Leistungsverzeichnisses an den Auftraggeber ein Angebot abgeben.

Während der Vertragsverhandlung wäre auch an die Erstellung eines Verhand-
lungsprotokolls zu denken.

Nimmt der Andere das Angebot an, ist der Werkvertrag zustande gekommen.

### Zu Aufgabe 2

Hier sollte das Verhältnis von BGB- und VOB-Vertrag unter Berücksichtigung
der Einbeziehung der VOB/B als AGB beschrieben werden. Besonders zu
honorieren wäre, wenn hier § 271 BGB als Grundsatz genannt wird. Die Regelung, auf die sich U hier stützt, ist § 5 Abs. 1 VOB/B. Die nächste Frage zielt
allein darauf ab, darzustellen, dass grundsätzlich ein Werkvertrag nach BGB
zustande gekommen ist und sich eine Vertragspartei nur dann auf eine Regelung der VOB/B stützen kann, wenn die VOB/B als AGB wirksam in diesen
Vertrag mit einbezogen worden ist.

### Zu Aufgabe 3

Die Frage der wirksamen Einbeziehung von AGB wird anhand des Prüfpro-
gramms der §§ 305 ff. BGB überprüft. Gegenüber einem Unternehmer ist es
nicht notwendig, dass dem Vertragspartner des Verwenders der Text der AGB
übermittelt wird. Es reicht der deutliche Hinweis auf die Geltung der AGB.
Dieses reicht also gegenüber B als Verbraucher nicht aus. Er muss daher Gele-
genheit gehabt haben, inhaltlich die VOB/B als Vertragsgegenstand zur Kenntnis zu nehmen.

### Zu Aufgabe 4

Bei der öffentlich-rechtlichen Abnahme geht es darum, ob die öffentlich-
rechtlichen Bestimmungen, also insbesondere das öffentliche Baurecht, eingehalten worden ist. Die rechtsgeschäftliche Abnahme hingegen enthält die
Aussage, dass das Werk als geschuldet hingenommen wird. Hier sollten die
Normen § 640 BGB und § 12 VOB/B genannt werden. Anhand des Gesetzes-
textes kann hier eine Definition zusammengestellt werden.

### Zu Aufgabe 5

Folgende Bedeutungswirkungen sind hier wesentlich:

Übergang vom Erfüllungs- in das Gewährleistungsstadium, Beweislastumkehr, Beginn der Verjährungsfrist, Gefahrübergang, möglicher Ausschluss von Vertragsstrafen, möglicher Ausschluss von Sachmängelansprüchen nach § 634 Nr. 1 bis 3 BGB und dem verschuldensabhängigen Anspruch auf Schadensersatz sowie Beginn des Abrechnungsstadiums.

Bei dem Fall mit der Türklinke soll aufgrund der vorher erfolgten Definition der Abnahme, insbesondere anhand des Gesetztextes § 640 BGB (!) herausgestellt werden, dass das Werk zumindest im Wesentlichen fertig gestellt sein muss. Der B kann hier also die Abnahme nicht verweigern.

**Zu Aufgabe 6**

Die Frage, was bei der Abrechnung des Einheitspreisvertrages zu beachten ist, soll mit § 14 VOB/B beantwortet werden. Hierbei sollen insbesondere die Begriffe „Aufmaß" und „abrechenbare Rechnung" fallen.

**Zu Aufgabe 7**

Der Fall behandelt das Problem der Mengenmehrung. Es sollte folglich § 2 Abs. 3 VOB/B genannt werden. Zudem sollte überprüft werden, ob eine Mengenmehrung von mehr als 10 % vorliegt. Im Ergebnis ist dies der Fall, so dass auf Verlangen einer neuer Preis zu vereinbaren ist (§ 2 Abs. 3 Nr. 2 VOB/B). Herauszustellen ist hierbei allerdings, dass § 2 Abs. 3 VOB/B nur bei Mengenänderungen der bei Vertragsschluss festgelegten und insoweit inhaltlich unverändert gebliebenen Leistung, nicht also bei nicht vorgesehenen Leistungsänderungen oder Änderungen der Leistungsart oder Zusatzleistungen Anwendung findet.

**Zu Aufgabe 8**

Hier sind § 1 Abs. 3 i. V. m. § 2 Abs. 5 VOB/B zu nennen und bestenfalls gegenüber § 1 Abs. 4 i. V. m. § 2 Abs. 6 VOB/B abzugrenzen. Es sollte dargelegt werden, dass es sich um eine Änderung des Bauentwurfs handelt und sich hierdurch die Grundlage des Preises geändert hat. Dabei ist herauszuarbeiten, dass es entscheidend darauf ankommt, ob es sich um eine Änderung von Leistungen, die bereits Vertragsinhalt waren (hier Fassade erstellen), oder um nicht vorgesehene Leistungen i. S. v. § 2 Abs. 6 VOB/B handelt, die nachträglich vereinbart worden sind.

**Zu Aufgabe 9**

Hier soll § 633 BGB und § 13 Abs. 1 VOB/B genannt werden. Die Mängelrechte im BGB regeln sich sodann nach § 634 BGB, in der VOB/B nach § 13
VOB/B.

**Zu Aufgabe 10**

Kriterien zur Verzugsetzung:

1. Fälligkeit der Werkleistung,

2. Mahnung des Auftraggebers (§ 286 Abs. 1 BGB) oder vertragliche Bestimmung eines Bauzeitendes nach dem Kalender oder Berechenbarkeit eines solchen Zeitpunktes, § 286 Abs. 2 BGB (z.B. Fertigstellung 20 Wochen
   nach Vorlage der Baugenehmigung), und

3. Verschulden des Auftragnehmers.

# Index